AF289004

Try till you die.

2. Auflage
Herausgegeben von Karl Fellmer
Entwurf und Gesamtgestaltung: Karl Fellmer
Cover Art: Andreas Preis, Berlin
Gestaltung / Bildbearbeitung: Florian Burghardt, Erfurt
Klappentext / Intro: Laura Nele Dallmann, Fehmarn

© 2024 Karl Fellmer
Herstellung und Verlag:
BoD – Books on Demand, Norderstedt.
ISBN: 9783759742803

Inhaltsstoffe

Robert Karl Fellmer, Jahrgang 1982

Trotz seiner Vorzüge ist er kein Großstadttyp. Vielleicht eher ein Küstenkind. Das würde zum Sternzeichen Krebs passen. Aber auch nach zig Momenten in hippen Öko-Cafés und vielen Schwimmversuchen am Meer hat er keine Heimat gefunden.

Herr Fellmer ist eher in den Extremen zu Hause. Dualistisch ist das richtige Wort, aber nicht im Sinne von Dualseele, auch wenn sich jede Frau an seiner Seite so fühlen mag. Eher gegensätzlich ... Das letzte (Raben-)Jahr des Exzesses, das Leben auf der Überholspur mit all seinen unverwechselbaren Höhen. Aber der Fall von diesen Höhen ist tief. Das warme Glas Milch mit Honig am Abend. Gemütlich, geborgen, aufgefangen. Aber die Süße vergeht so schnell, wenn das Heroin der Sünde noch greifbar ist. Am Ende will keiner auf der einen oder anderen Seite stehen, denn Heroin löst sich nicht in Honig auf ... und die Wahrheit ist Ansichtssache.

Laura Nele Dallmann, März 2020

Frühlingsgefühle

Valentinstag.
Der Tag beginnt gut. Leere.
Drei Stunden Schlaf. Meditativer Zustand.
Nach dem Sturm kommt die Ebbe im Kopf.
Wer das erleben will, dieses stille Paradies - der verzichtet
auf Schlaf - ganz. Der Entzug wirkt Wunder - wenn man
den Punkt überschritten hat, an dem der Körper rebelliert,
erreicht man ein kleines Nirvana.
Ich kann das beurteilen, ich habe es selbst erlebt.
Es ist Februar und die Tage werden merklich länger. Statt
um 16 Uhr kriecht die Sonne langsamer über den Horizont.
Um 18 Uhr sind die letzten Sonnenstrahlen noch zu sehen
und der Tag war einer der wärmsten, seit ich mich an Tem-
peraturen im Februar erinnern kann.

Alles wirkt leichter, die Menschen haben ihr Winterkleid
abgelegt. Natürlich sind viele getrieben, diese warme Phase
nicht zu verpassen, aber es ist eine harmonische Eile. Ges-
tern Morgen stand ich noch auf dem Balkon. Alles schien so
leicht mit der sanften Brise im Gesicht. Versunken in alte Bil-
der blieb die Zeit stehen, bis mich die Polizeiwache wieder
auf den Boden der Tatsachen zurückholte. Offenbar werden
auch an solchen Tagen Autos aufgebrochen. Vielleicht hat-
ten die hiesigen Langfinger schon Frühlingsgefühle verspürt
und waren auf Einkaufstour gegangen.

Ich hatte den Sicherheitsgedanken noch im Hinterkopf, als
ich das Auto abschloss und alles Wertvolle im Fußraum ver-
staute. Leider nicht tief genug, wie sich wenig später heraus-

stellte. Es gingen Dinge verloren, auch sehr wertvolle Dinge, aber ich bin nicht in Kram verfallen. Einerseits: Selbst schuld, andererseits: Loslassen ist eine Kunst, die das Leben leichter macht. Wer versucht, die Unendlichkeit festzuhalten, parkt sein Körperauto. Menschen sind mobile Wesen, die sich immer wieder auf neue Situationen einstellen können, je schneller, desto besser.

Auf dem Weg zur Polizeistation komme ich an der Methadonabgabestelle vorbei, die gleich um die Ecke liegt. Kein Wunder, dass hier das kriminelle Potential exponentiell ansteigt. Vor der Einrichtung tummeln sich abgehalfterte Wesen, auf dem weiteren Weg kommen mir weitere leere Menschenhüllen entgegen. In was für einem Viertel bin ich hier gelandet? Das Leid und der Schmerz der Junkies sind aus der Nähe sehr deutlich zu spüren. Tiefschwarze Augen starren mich an. Gleich nebenan steht ein Autohaus mit deutschen Luxuskarossen. Es ist Wahnsinn, dieser Kontrast auf engstem Raum, hier das personifizierte Nichts, dort der Überfluss. Keine Versicherung kommt für meinen Schaden auf, das Geschriebene ist unwiederbringlich verloren, das Telefon mit den Stimmen aus dem Jenseits ruht nun für immer. Grausam, ja, aber richtig, ehrlich, endlich, fast befreiend, schmerzhaft, wie jeder Abschied.

Ein neuer Anfang. Nächster Schritt.
Man braucht viel weniger, als man denkt.
Was mir gestohlen wurde, hilft dem Dieb nicht, es lindert nur ein wenig seine Sucht. Das Karma holt ihn ein, egal wie schnell er ist. Ruhe, Frieden, keine Aufregung. Nichts als Dankbarkeit für die Zeit, die mir gestohlen wurde. Denn wo nichts mehr ist, kann wieder etwas wachsen. Ein sympathischer Ansatz in einer Zeit, in der jeder versucht, innezuhalten, zu verbessern, zu optimieren, zu perfektionieren.
Eine friedliche Reise.

Die Menschen sind viel zu starr in ihren Meinungen und Ansichten. Ich eingeschlossen. Es täte gut, von Zeit zu Zeit die eigenen Fensterscheiben einzuschlagen und sich die Gedanken zu stehlen, die man im Fußraum seiner Seele versteckt hält und sonst die ganze Zeit gut behütet mit sich herumträgt.

Analysis

Rot, grün, blau, gelb liegen sie vor mir und warten darauf, endlich erlöst zu werden. Die Warmhalteschale macht das Nest perfekt. Weicher, warmer Sand bettet die hart gewordenen Dotter in Ihren Schalen, welch weich gekochte Symbolik. Die Eier (eigentlich die süßen Küken in Ihren Schalen) werden hier noch einmal sanft ausgebrütet. Ja, auch diese Wahrheit muss so deutlich gesagt werden. Ich bemerke vier Mädchenaugen, die mich verstohlen anschauen. Nach ihren tieferliegenden Brustansatz zu urteilen, sind diese beiden Eierdiebe schon lange keine Mädchen mehr. Gierig schielen sie auf den Speck vor mir, gleich neben den Eiern. Ich mache Platz, betrachte den fraulichen Schinken und stelle fest: Da ist doch noch jede Menge Babyspeck. Verdorbene Frühstücksgedanken. Erschöpft von diesem Kükenmassaker verlasse ich den Frühstücksraum. Ich bin müde, man könnte auch sagen übermüdet. Weit nach Mitternacht noch schnell ein paar Stunden Auto fahren und auf Schlaf verzichten - solche Ideen fühlen sich im Nachhinein nicht immer optimal durchdacht an.

Mein Körper kriecht mit mir in den Konferenzraum des Hotels, in dem ich arbeite. Dabei nehme ich zwei Damen mit, die durch ein kleines Fenster heimlich versuchen, das Innere der Räume auszukundschaften. Beide scheinen nicht den Mut oder die Kraft zu haben, die Tür zu öffnen. Es könnte ja eine Falle sein, vielleicht sogar eine Sprengfalle, oder irgendein Alarm könnte losgehen. Die Deutschen leben gefährlich, vor allem hier an der Ostsee, in diesem kleinen, malerischen Küstenort an diesem herrlichen Frühlingstag. Deutsche leben in ständiger Angst, vor allem dann, wenn der Entdeckerdrang frohlockt. Ein typisch menschliches Verhalten, vor allem der älteren Generation. Die Neugier wurde unterdrückt, Regeln und Gesetze verhindern den inneren, kindlichen Forscherdrang.

Die beiden Angsthasen sind sozusagen die erwachsene Version der jungen Schinken von vorhin. Mit dem Unterschied, dass in diesem Fall die Speckstreifen des morgendlichen Frühstücksbuffets der letzten Jahre bereits deutliche Spuren hinterlassen haben. Im Grunde genommen gibt es hier aber auch gar nichts zu entdecken. Zwei leere Räume mit billigen Metallklappstühlen an den Wänden und Bierzeltgarnituren, die der Einfachheit halber als Konferenztische dienen. Nationale und internationale Weltkonzerne schicken ihre Mitarbeiter hierher, um sich weiterzubilden.
Vom Bordstein zur Skyline

Hier wollte ich nach dem Kampf der letzten Nacht etwas Ruhe finden. Aber es ist noch zu kalt in den Gemäuern und so wähle ich den kleinen Balkon, der vom Flur der Veranstaltungsräume in Richtung Parkplatz führt, wo ich in der warmen Frühlingssonne sitzen und mich erholen kann. Für einen Moment fühle ich mich nun selbst wie eines dieser warmen Eier, das den ursprünglichen Sinn seines Daseins aus den Augen verloren hat und langsam vor sich hin gart. Jetzt muss ich mich nur noch grün, blau oder rot anmalen und mit meiner harten Schale ausharren, bis mich endlich jemand aufbricht. Wie es das Schicksal so will, lässt der potentielle Eierknacker nicht lange auf sich warten. Er ist jung, blond, männlich und trägt ein Abiturheft des Jahres 2019 unter dem Arm.
„Darf ich mich zu Ihnen setzen?"
Seine direkte Frage blendet meine grauen Zellen.
Aber natürlich, komm mit deinem Schulbuch. So ganz allein in der Sonne zu brüten, macht auf Dauer weder glücklich noch schmackhaft.

Jetzt ist mein Abitur gefühlte und wohl auch echte 20 Jahre her. Die mathematischen Formeln, die mein Gegenüber gerade in sein Hirn zu zementieren versucht, habe ich auch mal gelernt, aber wie so vieles nie wieder gebraucht.

Wie viel nutzloses Wissen saugen wir eigentlich auf?
Wie viel falsche Konformität steckt in diesem System?
Wie viel Freiheit leben und erleben wir in einer Zeit, in der sich eigentlich jeder so entwickeln können sollte, wie er will?

Vieles hat sich in den letzten 20 Jahren nur unwesentlich verändert. Braucht es in einer Zeit, in der die Automatisierung sukzessive den Alltag übernimmt, noch konforme und systemkonforme Geschöpfe? Wie lange wird das System von Schule, Arbeit, Rente, Tod noch leben?

Ist es nicht an der Zeit, alles neu zu denken?
Ist es nicht an der Zeit, den Menschen als Individuum mit seinen Begabungen und seinen maschinenfremden, kreativen Gedanken und Möglichkeiten viel mehr in den Mittelpunkt zu stellen?

Sicherlich kann man nicht jeden Menschen auf seinem Bildungsweg begleiten, aber man könnte Ansätze neu definieren, anstatt Pädagogen und ihre Doktrinen von vor 50 Jahren als Maßstab für die heutige Bildung zu nehmen. Die Geschwindigkeit der Entwicklung hat enorm zugenommen. Länder wie Deutschland beginnen zu hinken, gerade weil sich die Menschen nicht trauen, durch moderne Türen zu gehen. Die Deutschen sind ein Volk von Angst- und Sicherheitsdenkern. So wird aus meinem morgendlichen Kaffee in der Sonne eine Generalabrechnung mit - ja, womit überhaupt?

Die Hälfte der Damen, mit denen meine Wenigkeit damals im Lehramtsstudium auf der Bank saß, wäre nicht einmal für die eigene Erziehung geeignet gewesen. Das waren fleißige, gute Lernbienchen - aber Lehrer oder Lehrerinnen, das sind Persönlichkeiten, die führen und erziehen können. Gerade hier fehlt mir eindeutig der Charaktertest. Wenn man den zusätzlich zum NC einführen würde, wäre die Zahl derer, die ein Studium aufnehmen könnten, verschwindend gering. Apropos NC - was sagt die Fähigkeit, Dinge auswendig zu lernen oder Formeln richtig anzuwenden, über das wirkliche Potential eines Menschen aus? Mit einer schlechten Note und dem einzigen Zeugnis seiner Jugend ist man für den Rest seines Lebens gebrandmarkt. Vielleicht passt man einfach nicht ins System und inwiefern ist diese Gesellschaftsform, so wie sie existiert, überhaupt geeignet oder auf Dauer überlebensfähig?

Die Zukunft wird so aussehen, dass die menschliche Kraft nicht mehr gebraucht wird. Tätigkeiten, die einmal erlernt wurden, müssen viel schneller überarbeitet, umgestaltet, erweitert und vervielfältigt werden. Maschinen brauchen Impulse, Menschen sind Impulsgeber, aber nur, wenn sie nicht vorher zu Maschinen gemacht wurden.

Die Sonne brennt auf meine harte Schale, der Mathematikstudent und ich sind uns einig, dass es nichts Schöneres gibt, als Graphen der Analysis zu berechnen. Ich muss zugeben, dass die neue Generation schon viel näher an der Wahrheit ist. Anal wird sicher für einige ein lebenslanges Thema bleiben, Analysis weniger. So gesehen hat wohl jedes Fach seine Interpretationsmöglichkeiten.

„So, jetzt reicht's", für einen Moment hat mein Gegenüber die Kopfhörer abgenommen. Ich hätte mich nicht an einem Ostersamstag bei schönstem Wetter am Meer in die Sonne gesetzt, um Mathe zu lernen. Vielleicht hätte ich das früher besser gemacht, dann hätte ich jetzt einen tollen Job, lebte in einer tollen Stadt und hätte eine tolle Wohnung oder ein tolles Haus. Und natürlich ein oder zwei tolle Kinder. Alles wunderbar.

Aber von der Analyse abhängig sein?

Irgendwann wird einem alles zu viel mit der Karriere oder die Frau fühlt sich vernachlässigt. Man lässt sich scheiden oder erfindet sich auf der lange heimlich erträumten Weltreise neu. Am Ende landet man vielleicht doch wieder in der Heimat vor ähnlichen Patchwork-Problemen, verkneift sich wehmütige Gedanken an das Leben, wie es war, und macht das Beste aus dem, was ist. Bis das, was ist, nur noch eine Kopie dessen ist, was war.

Das könnte das Programm sein, ich habe den Sender nie gefunden oder zu früh gewechselt, wenn der Inhalt zu langweilig wurde. Ich sitze hier und fülle Zeilen statt Bankkonten, genieße, was ist, gebe mich immer weniger der Illusion hin, dass etwas anderes als das, was ist, nötig wäre, um Zufriedenheit zu erlangen. Selbstverwirklichung oder Aufopferung, in der Mitte dieser beiden Maxime liegt die ganze Wahrheit, Kraft und Schönheit des Lebens.

Seniorentreff

In bewölkten Nächten schimmert der Himmel über der Stadt so wunderschön grau-golden. Der Baukran zu meiner Linken zeigt nach Nordwesten. Würde man seine Spitze verlängern, würde sie auf das Hochhaus links treffen, dessen Bedeutung und Funktion sich mir in den letzten vier Monaten nicht erschlossen hat. Dazwischen viele Dächer und dunkle Fenster, in denen sich das Leben abspielt. Alle Facetten des Alltags, Höhen und Tiefen, ein kleiner Hinterhof der Emotionen liegt da vor mir und schläft. Im 8. Stock des Wolkenkratzers gegenüber brennt noch Licht. Es scheint vergessen oder absichtlich angelassen.
Wie ein **Hoffnungsfunke** leuchtet es auf dem grau-goldenen.

Ich betrachte das Stillleben eine Weile, schnippe die Zigarette auf dem Balkon aus, trinke einen Schluck Dr. Pepper und schließe die Balkontür - Stille. Die Müdigkeit übermannt mich, ich kämpfe noch, aber die Flamme in mir, sie flackert nur noch.
Was von diesem Tag bleibt, ist der Moment, als ich frühmorgens auf die Straße ging. Ich hatte gerade das Auto am Straßenrand geparkt, spürte die Frühlingswärme im Gesicht und atmete eine Autonase voller Abgase ein. Auf dem anschließenden Weg ins Büro kreuzte eine alte Dame mit ihrem zerzausten Köter meinen Weg. Selten habe ich so ein Häufchen Hundeelend gesehen. Die wenigen grauen Haare, die seinen Kopf noch bedeckten, sträubten sich, als ich versuchte, an ihm vorbeizukommen.
Lautes Bellen und Drohgebärden - Revieransprüche,

Beschützerinstinkt, Angst - was auch immer der Grund für diese wunderbare morgendliche Begrüßung war, ich schlich mich gelassen vorbei. Wir wussten beide genau, ein Tritt und die gebluffte Größe des kleinen grauen Monsters wäre zu Ende. Normalerweise nehme ich einen anderen Weg zur Arbeit. Dann komme ich an der Seniorenbegegnungsstätte vorbei, die gleich um die Ecke liegt. Durch die Fenster kann ich sie an den meisten Tagen spielen sehen: alte Frauen und Männer, die sich wieder in kleine Kinder verwandelt haben. Sie sitzen da, spielen und basteln und starren ins Leere.

Jeder hat sein Namensschildchen vor sich liegen. Einige saßen allein vor ihrem Namensschild an ihrem Tisch und stocherten apathisch in etwas, das wie Essen aussah. Andere wurden in Gruppen angeleitet und versuchten, ihre letzten kognitiven Fähigkeiten im Spiel zu bewahren. Ein rührseliger Anblick, der in seiner kontrastreichen Absurdität nur noch durch die Lage an einer der belebtesten Straßen der Stadt verstärkt wurde. Rechts auf der Fahrbahn all die Energie, die Hektik, die Fahrten des Lebens, links die letzte Einbahnstraße.

Was muss das für ein Gefühl sein, in diesem Seniorenheim zu sitzen und nach draußen zu schauen. Versteht man überhaupt noch, was da vor sich geht? Kann man sich bei dem Straßenlärm wirklich auf die Bastelei vor einem konzentrieren? Jedes Mal, wenn ich daran vorbeigehe und das Schauspiel beobachte, genieße ich den Zustand, keiner der beiden Welten anzugehören, und ein beruhigendes Gefühl breitet sich in meinem Körper aus. Die Tage im Büro, die auf dieses Schauspiel im Fenster des Lebens folgen, sind dann an Bedeutungslosigkeit nicht zu überbieten. Ein Schreibtisch, zwei Bildschirme, ein Telefonheadset: Kaffee, Zigarette, Essen, Zigarette, Kaffee, Wasser, zusammenpacken und gehen.

Dazwischen das ewige Rauschen der Tasten, die nichts

Substanzielles hervorbringen, nur Ordnung in ein System bringen, das sich nie ordnen lässt, und immer wieder der Satz: „Willkommen bei ... wie kann ich Ihnen helfen?"

Oft war ich kurz davor, „Hilfe" ins Mikrofon zu schreien, manchmal ertappte ich mich bei dem Gedanken, wie es wäre, einfach alles wegzuwerfen oder zu löschen. CTRL + ALT + ENTF das System bitte einmal. Dann wünschte ich mir, dass mir jemand einen Grund für diese Reaktion geben würde, aber es kam nichts oder noch nicht genug.

So oxidierte meine passive Lebensform tagelang auf der Telefonleitung 45 vor sich hin.

Der Raum war kaum halb so groß wie ein durchschnittliches deutsches Wohnzimmer, aber vollgestopft mit 6 Arbeitsplätzen, an denen Menschen saßen, die nicht liebten, was sie taten, sondern taten, was sie mussten. Direkt neben der vielbefahrenen Autobahn und dem Seniorenheim vergeudeten wir hier täglich unsere Lebenszeit, um wildfremde Menschen **Ohral zu befriedigen**.

Natürlich ergaben sich auch herrlich sympathische, schräge Gespräche.
„Wir sind ausgebucht."
Gast: „Das kann ich nicht akzeptieren".
„Dann fahren Sie doch einfach zum Hotel, klopfen an die Zimmer und fragen, ob nicht zufällig jemand abreisen will oder Sie im Zimmer schlafen lässt."

Schweigen am anderen Ende der Leitung. Wer weiß, wie oft diese Unverschämtheit schon zum Erfolg geführt hat und Menschen von anderen Gästen aus dem Zimmer geworfen wurden, weil sie nicht akzeptieren konnten, dass das Hotel ausgebucht ist. Interessant wäre auch diese Antwort: „Naja, eigentlich sind wir ausgebucht, aber da sie das nicht akzeptieren, werden wir natürlich kurzfristig anbauen oder einfach alle Gäste anrufen, ob sie nicht vielleicht doch noch vor Anreise stornieren wollen - Nächstenliebe wird heutzutage ja wieder groß geschrieben".

Dazwischen ein gut gelaunter Anruf aus Schweden, bei dem man meinen könnte, er hätte gerade erfahren, dass er mehrere Millionen im Lotto gewonnen hat. Hat er natürlich nicht, er hat nur ein Hotelzimmer gebucht. Aber das mit einer Freude, der man sich nicht entziehen kann und die ansteckend ist. Da vergisst man kurz den deutschen Urlauber. Aus dem Hamsterrad kommt man nicht wirklich raus, aber man kann wenigstens sehen, dass man Spaß daran hat, es zu treten.

Im Haus gegenüber brennt ein Licht. Es ist wie dieser Text, ein einsames Zeichen frühmorgendlichen Lebens in der Dunkelheit. Zu lange nichts getippt oder geschrieben. Zu lange keine Nachtschicht gehabt, um meine Gedanken zu sortieren. Das Leben raubt mir Zeit, die unwiederbringlich vergeht. Versuche festzuhalten, was geht, während heimlich schon das Schild für meinen Platz am Seniorentreff an der Stadtautobahn gebastelt wird.

Straßenbahn ins All

Da fließt es. Eben noch ist es aus mir herausgesprudelt. Millionen kleiner Nachkommen. Jetzt kriechen sie auf das große schwarze Loch des Abflusses zu, der sie wie ein Trichter am unteren Ende des Beckens zu verschlucken weiß. Es ist Dienstagabend, Vollmond, und ich werde fast verrückt vor Lust. Wenigstens lenkt mich die Arbeit ab, dazwischen immer wieder kurze Nachrichten aus den unendlichen Weiten des Mösenalls. Überall schwirren ablenkende Meteoriten an mir vorbei. Das Jahr beginnt unruhig und kennt keine Gnade. Ich nehme keine Rücksicht, kommuniziere auf allen Ebenen und verliere erst den Überblick und dann die Kontrolle.

Ich erhalte dramatische, endlose Abschiedsbriefe aus einer Welt, von der ich mich längst verabschiedet habe. Ich spüre das Leid, lese von dem Abgrund, aus dem ich die Frauen nicht befreien kann, wie auch, muss das **Dick-icht** selber durchsteigen. Es war nie meine Aufgabe und doch stecke ich immer wieder in einer ähnlichen Straßenbahn fest.

Es fühlt sich immer leer und frisch an, wenn ich einsteige. Mit jedem Meter Fahrt entdecke ich dann all die Schrammen, die zerkratzten Sitze, die abgesplitterten Kanten. Erst gleitet sie dahin, dann rumpelt es kurz und letzten Endes kann ich mich bei den ganzen Schlägen der Erinnerungen nur noch am Haltegriff festhalten. Vielleicht ist das mein Schicksal. Dabei zu sein, wenn Straßenbahnen führerlos durch die Gegend irren. Mal in voller Fahrt, mal kurz vor dem Totalausfall. Ich nehme sie alle, kaufe ein Ticket und schaue sie mir von innen und außen genau an.

Die Stadt hier ist voller Waggons mit wenig Hoffnung. Die Anzeigetafeln auf den Bahnsteigen zeigen rote Zahlen, Verspätungen und Zugausfälle. Es sind nur noch wenige Minuten bis zur letzten Fahrt. Wie es denn sein könne, dass ich noch nicht verhaftet sei, wurde ich neulich gefragt. Eine gute Frage, die mir da gestellt wurde. Warum bleibe ich nicht sitzen. Warum steige ich immer wieder aus. Noch dramatischer. Ich kann die Fahrt nicht einmal richtig genießen, schaue schon beim Einsteigen nach der nächsten Haltestelle, der nächsten Umsteigemöglichkeit, einem sicheren Bahnhof als Endstation.

Nächster Halt: Altona.
Alle aussteigen, bitte.
Ich steige natürlich ein.

„Was macht ihr denn da?"
Der kleine Achtjährige, der hinter mir die Tür öffnet, hat Angst oder ist besorgt. Natürlich ist er das. Seine Mutter hat in den letzten 20 Minuten das ganze Haus zusammengebrüllt.
Wie soll ein 8-Jähriger auch Lust von Schmerz trennen?
In solche Situationen gerät man - und im ersten Moment lacht man noch darüber. Der Kleine - was wird er aus solchen Situationen mitnehmen und überhaupt?
Ist das der Alltag dort in dieser Wohnung?
Wie wenig Verantwortung hat diese Frau oder wie viel Stolz und gesunde Arroganz?
Sicher, es ist ihr Leben und sie muss es weiterleben, auch wenn der Vater des Kindes weg ist oder war, aber so?
Ich sehe mich immer noch da hocken. Das Bein der Mutter in der einen Hand, das Kondom in der anderen. Die zitternde Stimme hinter mir. Ihr Sohn und ich, wir haben beide ein kleines Trauma erlitten.

Am nächsten Tag habe ich immer das Gefühl, dass ein kleiner Junge hinter mir steht und mich fragt, was ich da mache.

Das frage ich mich auch den ganzen Tag.

Ich versuche, mich im Büro zu konzentrieren, aber es gelingt mir nicht. Kurze paranoide Momente kommen auf: Wer steht gerade hinter mir? Wird die Türklinke gleich losgehen? Und der kleine Junge? Der kleine Held? Sitzt in der Schule und hat die Bilder der letzten Nacht im Kopf. Die Stimmen, das Geschrei, das Stöhnen. So laut, dass er aufstehen muss.

Die Aufregung in dem Moment, als er die Türklinke in die Hand nimmt, noch nicht weiß, ob er es wirklich soll, und sie dann aufdrückt.

Ein mutiger kleiner Kerl.

Ich hätte mich nicht getraut.

Diese Tür zu öffnen.

Zu sehen, wie ein fremder Mann auf dem Bett meiner Mutter hockt und dann auch noch fragt - „Ja, was ist denn hier los?!".

Ja, verdammt noch mal, ein richtiger kleiner Held.

Aber was ist hier los, in dieser Stadt.

Wo ist die Moral. Die Vernunft.

Als er wenig später noch einmal nach dem Rechten sieht, weil ich eine Tasse vom Nachtisch gestoßen habe, hängt mein nackter Arsch in der Luft.

Ich krabble auf dem Boden durchs Schlafzimmer und versuche, die Scherben aufzusammeln.

„Bleibt ihr die ganze Nacht auf? Ich auch!"

Ich kann gerade noch meinen Anus vor ihm verstecken, oder besser gesagt, seine kindliche Seele vor seinem erleuchteten Anblick.

Fremder Mann, noch nie in die Augen gesehen - aber das tiefe schwarze Loch - das kenne ich schon!

So beginnt jedes Trauma.

Ich springe hinter den Schrank mit den Scherben in der Hand und einem verlegenen Blick im Gesicht.

Ich verstecke mich, will mich nicht zeigen, nicht so, nicht hier, nicht jetzt. Hocke mich in die Ecke des Zimmers, drücke meinen nackten Hintern in die Ecke und kneife meine Pobacken zusammen.
Schach Matt.
Die Erlösung kommt erst, als die Mutter ihn an die Hand nimmt und ins Bett bringt.

Es sind solche Geschichten, die mich immer wieder in Bewegung bringen, mich nicht ruhig sitzen lassen. Sie sind lustig, aber auch traurig, und sie müssen erzählt werden, vielleicht auch weil sie sich nicht wiederholen dürfen. Diese Geschichten locken mich aus der Reserve.

Ich hätte an diesem Abend in meiner Wohnung in der fernen Stadt liegen bleiben können, ja vielleicht sogar müsssen. Ich war mude, erschöpft, hatte den besten Sonntagssmoothie im Kopf. Von einer fremden Kraft getrieben, machte ich mich auf den Weg und wurde mit einer Geschichte belohnt, über die es sich zu sprechen lohnt. Ich muss mich bewegen, Strecken zurücklegen. Das letzte Jahr war ein harter Ritt der Gefühle, ich bin eingestiegen, umgestiegen, ausgestiegen. Bin weitergefahren. War mutig. So dachte ich zumindest. Fern von den Straßenbahnen, da liegt das Leben, denn sie fahren doch nur auf Ihren Schienen durch das Leben. Bin kein guter Fahrgast.
Muss meinen eigenen Zug finden.
Tut! Tut!

Wilde Indianer und die Hafermilch

„Du musst mehr Eckard Tolle lesen."
„Ach, ich hab's versucht. Nach 30 Seiten fängt der Typ an, sich zu wiederholen, predigt immer das Gleiche vom Hier und Jetzt und sich im Selbst aufzulösen."
„Ja Mann, genau das ist es! Das ist mir auch mal passiert auf einem Acid Trip und ich habe meinen Körper verlassen, bin gestorben, habe mich aufgelöst. Da war nichts mehr um mich herum. Ich habe ihn gespürt, diesen Frieden. Weißt du, vielleicht ist das besser als das hier, wenn man es nur wüsste."

Es ist 16 Uhr und so etwas wie die zweite Mittagspause. Die Sonne scheint mir ins Gesicht und das Gespräch ist kein Mitschnitt einer tiefen Séance mit meinem Therapeuten, sondern ein ganz normaler Nachmittag in Deutschland, an dem sich zwei Arbeitskollegen unterhalten. Wenn man will, trifft man solche Menschen überall, die Botschaft ist klar: Wir sind gefangen im Hamsterrad. Die anderen, die weniger Glück hatten oder noch keine tieferen, bewusstseins-erweiternden Erfahrungen gemacht haben, stecken in der Scheiße und merken es nicht einmal. Was ist schlimmer, ein Schwein, das weiß, dass es ein Schwein ist, oder eine wilde Sau, die sich **zu Höherem berufen** fühlt und durch den Wald irrt?

Ein dicker Porsche hält vor uns. Zwei durchgestylte Typen steigen aus dem Stuttgarter Boliden, überhaupt ist der ganze Parkplatz heute gut gefüllt mit Autos, deren Preis im oberen vier- bis fünfstelligen Bereich liegt. Wir schauen uns das Treiben an und sind uns einig, dass man so etwas nur machen kann, wenn man entweder aus reichem Hause kommt oder zumindest eine kriminelle Karriere vorweisen kann. Eine App zu programmieren wäre auch eine Möglichkeit, relativ schnell reich zu werden, aber die Jungs hier sehen nicht so aus, als wären Pickel und dunkle Räume voller Bildschirme die Begleiter ihrer Jugend gewesen. Die Phantasie geht mit uns durch, oder der Neid. Hier die geballte Krönung der geistigen Evolution, gefangen in zwei mittelalten Körpern, die wie Greise miteinander reden. Ja, wenn sie könnten: Ihre imaginären Krückstöcke erheben und zur Revolution aufrufen.

„Die Indianer haben immer gesagt, dass die Weißen verrückt sein müssen. Wenn man sich die Interviews mit den Häuptlingen anschaut, haben sie das schon sehr früh erkannt, als sie die Weißen zum ersten Mal gesehen haben. Die rennen, bauen, machen, finden keine Ruhe, sind gehetzt, wollen immer mehr, ein verrücktes Volk, diese Weißen".

Die Sichtweise ist interessant und irgendwie auch nicht ganz abwegig. Erst überfällt man die Indianerstämme, raubt ihnen das Land, die Kultur, baut, macht, entwickelt ... um dann irgendwann, Jahrhunderte später, am liebsten wieder im eigenen Tippi auf dem Land zu leben, Hafermilch zu trinken und Bio-Rind zu essen.

„Irgendwann in 20-30 Jahren werden alle in solchen Gedankenblasen hängen, die 70er und ihre experimentellen Kreaturen haben den Grundstein gelegt. Im Moment sind alle in der Selbstfindung, dazu die Automatisierung der Arbeitswelt, jetzt stell dir mal vor, alle, die da was suchen, finden es vielleicht auch noch und zu sich. Die haben dann im besten Fall beruflich nichts mehr zu tun. Es sind heute schon viele Menschen in Arbeitsbeschaffungsmaßnahmen integriert, die eigentlich nur der Verwaltung dienen oder leicht durch

Maschinenarbeit ersetzt werden können. Wenn die alle irgendwann zu Selbstverwirklichern werden, wo soll das enden? **Dann hat Deutschland 10 Millionen Dichter, 15 Millionen Maler und 25 Millionen Yogalehrer, von den 10 Millionen Ernährungsberatern ganz zu schweigen.** Normale Arbeit will doch irgendwann keiner mehr machen! Und jeder Kreative ist doch irgendwie verrückt - wo sollen denn die ganzen Therapeuten herkommen?!".

Die Hälfte meiner Worte waren noch gesprochen, den Rest dachte ich auf dem Weg zurück an meinen Arbeitsplatz. Noch ein Schluck Kaffee und ein paar letzte Gedanken an diesen Nachmittag, der mal wieder nichts und alles in einem war. Die, die könnten, verbringen Ihren Tag damit sich schön herzurichten: neue Frise, neue Klamotten, neues Auto und ab ans Meer. Die, die die gern würden, empfangen sie dann mit einem halben Lächeln und reparieren die Kloschüsseln in den Hotelzimmern. Ob Kunst und Kultur immer etwas mit Not und Verzweiflung zu tun haben müssen, wage ich zu bezweifeln. Aber wenn das Leben eine duftende Wolke ist, stellt man sich vielleicht zu wenig die Fragen, die man sich irgendwann im Leben stellen sollte. So oder so. Die Situation ist verzwickt. Wenn du die Wahl hättest, welches Leben würdest du wählen?

Die Antwort gibt ein Hund, der voller Freude einer Plastikflasche nachjagt, die ich für ihn durch die Luft werfe. Eine Plastikflasche, die nichts gekostet hat. Er markiert sein Revier, sucht sich eine schöne Stelle und macht dann mit einem zufriedenen Grinsen im Gesicht einen großen Haufen. Die nächste Hündin, die seinen Weg kreuzt, wird pro forma erst einmal bestiegen. Dann ist natürlich auch die Plastikflasche wieder vergessen und rollt unbeachtet in Richtung der teuren Karossen auf dem Parkplatz. Etwas zum Spielen und eine Hündin. So schön einfach kann das Leben sein. Wuff!

Darmflora

Die Adler über mir ficken. Na gut, vielleicht sind es keine Adler, sondern Bussarde, und vielleicht ficken sie nicht richtig, aber dann ist es wenigstens so etwas wie ein Liebesspiel. Petting in der Luft.
Ohne Berührung.
Geiles Gefieder.
Kaum lassen die ersten Sonnenstrahlen das Thermometer über die 10-Grad-Marke klettern, ist Rumble im Dschungel von Mecklenburg-Vorpommern. Richtig so. Was soll der ganze andere Scheiß.
Apropos Scheiße.
Endlich fester Stuhlgang.
Nach zwei Wochen, in denen die Antibiotikatherapie mein Innerstes zersetzt hat, fängt die Kompression wieder an zu wirken.
Habe mich inzwischen richtig in die Materie eingearbeitet. Es ist unglaublich - die besten Ärzte der Welt haben keine Ahnung, was diese angeblichen Wunderwaffen der Medizin mit der Darmflora anstellen. Bestimmte Bakterienstämme werden komplett vernichtet und kommen wahrscheinlich nie wieder.

Man geht heute davon aus, dass die meisten Zivilisationskrankheiten, allen voran die psychischen Erkrankungen, auch durch einen Mangel an Darmbakterien verursacht werden. Wer mehr zu diesem Thema wissen möchte, kann sich gerne einlesen - auf der Toilette ist meist genug Zeit dafür. Lebenserhaltung vs. symptomatische Zerstörung des inneren Lebensraumes, von der ich vor einigen Stunden einer Sprechstundenhilfe eine Kostprobe geben durfte.

Mit einem Lächeln auf den Lippen zeigt sie mir den Weg zum Waschbecken, in dem sie die Kotproben des Tages für den Transport ins Labor gesammelt hat. Flirtet sie mit mir, während ich ihr meine lauwarmen Exkremente präsentiere?

Ich bin immer noch geflasht von dieser Scheißromantik.

Sie sollte doch wissen, dass ich keine Stunde zuvor mit einem kleinen Plastikspaten bewaffnet meine Toilette nach dem schönsten Stück abgesucht habe. Ich hätte noch ein Herzchen auf die Schachtel malen sollen, bevor ich sie ihr überreichte.
So kommen und gehen die Tage und die Ausscheidungen.
Die Sonne leckt an meinem Ohr, flüstert mir leise zu: „Komm, wir müssen, du kleiner Scheißer".
Wie ich diese Parkplätze liebe, wie ich diese Kotproben liebe, kleine Auszüge aus den Exkrementen des Lebens.

Der Lebenstisch

Ganz so romantisch ist es dann doch nicht. Damit die Wolken rosa werden, muss die Sonne scheinen, und genau das tut sie heute nicht. Ich lag gestern 23.30 Uhr im Bett und konnte tatsächlich einschlafen, bis 0.30 Uhr. Die nächsten Stunden verbrachte ich tanzend, abwaschend, aufräumend, irgendwo in einer Welt zwischen wach und munter, leicht drüber und manchmal drunter. Habe alte Briefe von verflossenen Lieben gefunden, sie zu einer Pyramide aufgetürmt und das Liebeskonstrukt auf Instagram gepostet. All die Worte, die Liebe, die Sehnsucht zu lesen, geschenkt von denen, die mir einmal nahe waren. So nah, dass ich mir nicht vorstellen konnte, dass es jemals andere geben würde. Und nun lagen sie in einem Stapel Papier auf meinem Küchentisch und kommunizierten miteinander. Wie die Briefe, Bilder und Karten hätte ich sie gerne einmal persönlich zusammen geworfen, in einem Raum versammelt und dem Treiben und Reden aus der Ferne zugehört und zugesehen.

Was bleibt, ist die Erkenntnis, dass man in vielen Situationen wohl einfach zu tief drin steckt und das, was einem in diesem Moment die Welt bedeutet oder wie ein nicht enden wollendes Drama vorkommt, irgendwann nur noch als Notiz auf dem Lebenstisch übrig bleibt. Es ist wichtig, sich dieses Drama von Zeit zu Zeit vor Augen zu führen - im wahrsten Sinne des Wortes die Karten auf den Tisch zu legen.

Alle. Alle, die man noch hat. Jede Karte für sich ein Mensch. Viele Buchstaben, Worte, Sätze, Gedanken, Emotionen, die man miteinander verbindet. Situationen, die einen einholen, die sich festbeißen wie eine Zecke im Frühsommer. **Ein Haufen Liebe.** Jede Verbindung einzigartig. Besonders, wertvoll, prägend, für alle Beteiligten und doch in der Mehrheit auf der Holzunterlage relativiert zu etwas Beliebigen.

Wie ist das für Menschen, die nur eine Karte, ein Bild, einen Menschen dort liegen haben, wenn sie am Ende ihrer Atemzüge zurückblicken. Aber da sind Autos, Häuser, Urlaube, Kinder, gemeinsame Erlebnisse, eine Geschichte, von vorne bis hinten erzählt. Aber die meisten bauen sich, wie ich, Haufen von Unverbindlichkeiten auf. Viele spulen vor, drehen die Platte um, wechseln gleich die ganze Kassette, kaufen sich einen USB-Stick und speichern neue Musikstücke darauf.

Aus der Zeit

Wenn es weh tut,
geh noch einen Schritt,
folge den Schmerz,
schau wohin er Dich führt.

Wenn es weh tut,
hör nicht auf,
gib nicht auf,
lass' Dich ganz drauf ein.

Wenn es weh tut,
fühl dabei in Dich,
tausend kleine Nadeln,
tanz mit Ihnen.

Wenn es weh tut,
ist es für etwas gut,
neben Dir, hinter Dir, vor Dir
Dein Schatten ist immer da.

Wenn es weh tut,
will es geheilt werden,
es ist alles nur eine Frage der Zeit,
bring Dich ganz nah an den Punkt.

Wenn es weh tut,
wird es sich auflösen,
keine Sieger,
nur Erkenntnisse.

Wenn es weh tut,
sei stolz.
Nimm Dir die Zeit.
Heile.

Verdrängung

Das Gefühl, das Du spürst
Du nimmst es nicht an
Du verbeugst Dich nicht vor ihm
forderst es nicht heraus
Du flüchtest
vor Dir selbst
nimmst alles mit
baust alles auf
kämpfst Dich durch
denkst so muss es sein
findest nicht
den Frieden
die Liebe
in Dir.

#brokenkadett

Ein Bier intus, das zweite in Gedanken geöffnet und schlürfend. Ruhe. Blick auf den Beifahrersitz.
Heineckischer Blick zurück.
Ausatmen.
CleanCar in der Königsstraße, leichter Druck im Kopf. Dafür ist der Druck in der Brust weg.
Dauerstress seit 4 Tagen, wenn ich das schon nicht überlebe, dann soll man wenigstens sagen, dass ich alles gegeben habe. Mit dem Endgegner und sowieso. Ich frage mich, ob Drachen böse geboren werden oder erst später in der Aufzucht zu diesen Monstern heranwachsen. Dieses Jahr habe ich mich auf so ein wildes, unbezähmbares Wesen eingelassen. Besser wäre natürlich zu sagen: Ich habe es mir selbst ausgesucht. Man hätte ja auch den zahmen Tiger nehmen können. Man wächst an seinen Herausforderungen, bis man überfordert ist. Natürlich habe ich wieder gedacht, ich kann sie retten, die schöne Prinzessin, aber das ist Quatsch. Muss mich selber retten oder zumindest in Sicherheit bringen. Sicherheit ist gerade bei CleanCar.
Alles so schön sauber.
Niemand, der schreit, tobt, wirft oder zerstört. Zerstörungskraft, Aggression, Gewalt. Nicht meine Welt.

In der Kindheit wurde Wut mir wohl aberzogen, zu viel erlebt und verdrängt oder früh gelernt, dass es nichts bringt, so zu handeln. Wer weiß. Baldrian und Bier an einem Montagabend. An Arbeit war schon lange nicht mehr zu denken. Habe alles weggelassen, was auch nur im Entferntesten nach Stress aussah, und es geht mir immer noch bescheiden. Langsam begreife ich, dass nicht mein Leben das Problem ist. Es sind die Baustellen der anderen, die ich als Baustellenfetischist anscheinend nur zu gerne erkunde, bis ich selbst in das dunkle, tiefe Schlagloch zu fallen drohe.

Ein Pärchen pumpt nebenan Reifen auf, ohne Geschrei, ohne Streit - ich bin fasziniert von der Harmonie an der Luftsäule. Jetzt erkenne ich, es sind zwei Männer, von hinten war es jetzt schwer zu erkennen. Vielleicht ist es eine leichte Alkoholfantasie, die mit mir durchgeht. Die Frau sieht aus wie ein Penner, hat lange blonde Haare und einen süßen Hintern. Der andere, kurzhaarig und gepflegt, entspricht eindeutig dem Schema des Anzug tragenden Geschäftsmannes. Fühle mich angezogen. Vielleicht bin ich ja doch schwul, aber ich mag es einfach nicht, wenn mir die Haut im Gesicht zerkratzt wird. Doch womöglich kommt das noch. Einer meiner besten Freunde hat mich neulich gefragt, ob ich ihn nicht ficken wolle. Beleidigt zog er sich zurück.
„Ficken also nicht, aber kuscheln vielleicht?!".

Was mache ich hier in Hamburg mit dieser Baustelle von Frau und warum nehme ich nicht meine Beine in die Hand? Ich kann nicht mehr und ich will nicht mehr. Ende. Finito. Es reicht. Schluss.

Das Ziel ist immer dasselbe, für alle. Wozu der Stress und die Hektik, wofür soll ich mich verbiegen, wofür soll ich kämpfen. Je länger ich jetzt bleibe, desto schlimmer wird es für mich. Ständig diese Infragestellungen der eigenen Entscheidungen. Als würde ich mich mit meinem eigenen Gewissen auseinandersetzen müssen, das ständig nachhakt. „Wirklich da lang? Wirklich so? Wirklich? ...?"
Deine Mutter!
Meine Meinung muss nicht richtig sein, aber, liebe Frauen, lasst den Männern doch ihren Quatsch. Intelligente Emanzipation in Beziehungen ist intelligentes Zustimmen

und Mann sein lassen. Wir wissen doch, dass ihr am Ende immer Recht habt. Nein. Natürlich geht es auch anders. Natürlich muss einer die Hosen anhaben. Meistens.

Zurück zur Nachtschicht an der Tankstelle. Große blonde Frau und großer blonder Mann - der Norden lässt grüßen. Sie fährt, er steigt genervt aus. Da steht nun ein alter Opel Kadett und ein fragliches Paar. Die Motorraumklappe geht auf, beide schauen fragend und fangen an zu fummeln. Wahrscheinlich ist es das Licht, sie hantiert, er googelt das Problem.

Der Praktiker trifft den analytischen Denker.

Sie fragt und schaut auf den Bildschirm, auf dem nun ein YouTube-Moderator das Problem erklärt. Zumindest das Problem, das die beiden hier zu definieren glauben. Ein generelles Problem in dieser Situation, das sich auf größere Zusammenhänge übertragen lässt: Laien analysieren Probleme über ihren Horizont hinaus.

Jetzt googeln beide.

Das Licht scheint nicht das Problem zu sein. An der Tankstelle tauschen die beiden fragende, tiefe Blicke aus. Die Handtasche ist nicht abgestellt. Das Kleidchen sitzt, die weißen Schuhe passen zum Outfit, es ist nicht auszuschließen, dass das Ganze auch ein Instagram-Shooting oder ein Amateurporno wird. Alles ist jetzt hier möglich.

Er versucht es mit einem Griff ans Kinn und einem geübten Blick von hinten auf das Fahrzeug. Sie ist genervt von so viel Dramaturgie, steigt ein und startet den Motor. Okay, der läuft, aber das Licht - ah, das geht auch. Jetzt entbrennt eine wilde Diskussion. Sind die Rücklichter an oder nicht? Was macht der Schalter hier?

Wenn das eine Verabredung ist, vielleicht die erste, dann ist es die beste aller Zeiten. Die beiden werden heiraten, da bin ich mir ziemlich sicher und starte auf meinem Handy das Video mit den Hochzeitsglocken.

Noch bevor sie ahnen, woher das Läuten kommt, drehe ich

den Ton leiser und nehme wieder meinen Beobachtungs-
posten in sicherer Entfernung ein. Jetzt wird die Gebrauchs-
anweisung gezückt. Alle Register der Unwissenheit werden
gezogen.

Das Heft ist so vergilbt, offenbar noch original aus dem Jahr
1992, wie das Auto selbst. Der Kofferraum wird geöffnet und
beide hängen nun kopfüber im Heck des Oldtimers. Wieder
bastelt sie an etwas, ohne zu wissen warum, wo und wie. Er
bleibt in sicherer Entfernung. Hier könnte alles explodieren.
Da hat man eine neue Frau und steht nachts allein mit ihr
an der Tankstelle. Man weiß nie, wo man wieder reingera-
ten ist. Der Motor wird erneut gestartet. Wie beim ersten
Mal springt er ohne Probleme an und nur ein Kätzchen
könnte schöner schnurren. Trotzdem verzweifelte Blicke zu
Säule 2. Wieder muss das Telefon helfen. Es bleibt span-
nend.

Der blonde Mechanikerlehrling hat die Arme verschränkt
und blickt auf die Straße. Wahrscheinlich denkt er darüber
nach, was er stattdessen alles hätte tun können. Statt hier
einen Opel Kadett zu restaurieren, hätte er sich mit seinen
Kumpels einen schönen Abend machen können. Aus der
Ferne sieht man, wie sich seine Gedanken langsam verab-
schieden. Beim Blick in den Kofferraum kommen sie sich
endlich näher. Ein kurzer Moment purer Romantik im Licht
der Tankstelle. Mir ist es hier viel zu hell für die beiden. Ich
will gerade romantische Musik im Auto einschalten, greife
schon nach dem Schalter für das gedimmte Standlicht und
suche gedanklich im Kofferraum nach einer Kerze. Doch
meine Liebesambitionen müssen sofort gestoppt werden.
Sie durchschaut die Situation, das war wohl zu viel Nähe.
Türen knallen, Heckklappen schließen, sie stapft zum Tank-
wart. Ob er wohl helfen kann - oder wenigstens ein Duft-
bäumchen hat. Er trottet brav hinterher. Braver Junge.

Tatsächlich kommt jetzt der Tankwart. In aller Ruhe erklärt

er die Funktion der einzelnen Rücklichter. Die große Handtasche hat sie immer noch umgeschnallt. Aber noch einmal den Kofferraum öffnen. Der Oberkörper des Tankwarts verschwindet darin, die beiden Hobbymechaniker bleiben skeptisch. Indisch-deutsches Mechaniker-Tacheles.
„Glühbirne muss gekauft werden."
Getauscht.
„Hast du Kleingeld für die Hilfe?".
Natürlich wird er jetzt zur Kasse gebeten.
Sie sieht gestresst aus, vom Auto und vom Leben. Bei meinem Auto brennt seit drei Monaten die Motorlampe. Ich bin kurz davor, das Fenster runterzukurbeln und das lautstark kundzutun. Jetzt wird hinten und vorne am OpelHistorikum gebastelt.

Sie hat sich Plastikhandschuhe besorgt, demontiert und ersetzt - er hat wenigstens auch die Handschuhe angezogen.
Inzwischen ist das komplette Rücklicht abmontiert und vorne sind alle Glühbirnen ausgetauscht.

Mein zweites Bier zeigt endlich Wirkung, lange hätte ich nicht mehr tatenlos zuschauen können.
Oh. Es werde Licht! Alles brennt.
„Was bekommen sie?"
„5 Euro."
Ein guter Preis.
„Machst du?" Sein Kommentar. Was für ein Fuchs.
Jetzt sitzt er im Auto und checkt sein Handy, postet wahrscheinlich direkt die Story auf Instagram mit dem Hashtag #brokenkadett.
Das Auto glänzt wie ein Neuwagen, als die beiden von der Tankstelle fahren. Sie wird sich gut um Ihn kümmern. .
Er kann sitzen bleiben und ankommen, wenn er will.

Anstigram

Der Popel steckt in der Nase und will nicht raus. Egal wie tief man bohrt, der Mist hängt fest. Gestern habe ich zu tief gebohrt, davon bekomme ich immer Migräne. Kann mir mal jemand den Zusammenhang erklären - zu viel Sauerstoff im Gehirn, wenn man zu tief bohrt? Vielleicht geht mir im Moment einfach zu viel durch den Kopf. Jetzt sitze ich hier und warte darauf, dass der Scheiß rauskommt. Im wahrsten Sinne des Wortes. Der Selbstreinigungsmodus war dringend nötig, zum Glück habe ich gerade zwei Wochen frei. Das Pensum der letzten Wochen war zu viel. Zumindest für mich. Frag mich, wie die anderen das machen. Gestern habe ich nach dem Besuch von Fynn Kliemanns Instagram-Profil erst mal meine eigene App vom Handy gelöscht. Dieses Level ist für Normalsterbliche definitiv demotivierend oder sagen wir zumindest unbewusst am Ego nagend. Wie kann man so ein Leben führen. Alles auf einmal. Texter, Werbeagentur, Bauernhof, Sänger, Heimwerkerkönig und YouTube-Star. Klavier spielen kann er auch noch, vielleicht entdeckt er nächste Woche ein Mittel gegen Krebs, während er mit Olli Schulz auf dem ehemaligen Hausboot von Gunter Gabriel **warme Brille** zubereitet. Wahnsinn.

Viele Bilder von gut gelaunten Menschen. Überall nur hoch motivierte, gut gelaunte Menschen. Alles Macher, alles Powerleute. Man selbst hängt im Vergleich dazu nur rum und nichts geht so richtig voran, obwohl alle Hände und Beine kreisen und der Kopf glüht. Also eigentlich geht schon was. Nur nicht im Vergleich. Die Sonne, die diesen Leuten scheinbar aus dem Arsch scheint, ist natürlich nur

die eine Seite der Medaille. Und doch sieht man die andere nicht und ist unweigerlich dazu verdammt, das eigene Sein und Schaffen immer wieder in Frage zu stellen. Warum eigentlich? Ist das, was man hat, nicht genug? Nein. Doch. Natürlich.
Husten.
Der Kaffee spritzt aus meinem Mund auf meine Hose.
Diese **Instagram-Profile sind die Kaffeeflecken auf unseren Seelenklamotten**, die eigentlich sehr schön sind, aber sie verursachen diesen Makel, der keiner ist, oder besser gesagt, keiner sein darf. Wann ist endlich Schluss mit diesem Druck, mit diesem Vergleichen, mit diesem Social Media Downsizing der eigenen Existenz. Ich sitze hier am Meer und flute mein Hirn mit Informationen und Eindrücken, die eigentlich überhaupt nichts mit meinem Leben zu tun haben. Was für ein Irrsinn. Man verliert den Bezug zu sich selbst, man sucht das Glück der anderen. Aber nicht jeder kann so leben, wer will so leben? Fynn Kliemann wird verbrennen wie unzählige vor ihm. Nicht, dass ich ihm das wünsche, aber wenn man die Rotation des eigenen Planeten nicht mehr aufhalten kann, hat man ein Problem.

Meine Wenigkeit von 308 Followern will nur seine Ruhe und einen guten Schiss. Dinge, die gut tun. Auf den Darß fahren. An den Ort meiner Kindheit, eintauchen in eine Welt, die weit weg ist und einen Tag lang schauen, was das mit mir macht. Dort sein, wo sich meine Ferienkindheit abgespielt hat. Mein Konto ist leer, die Kreditkarte wird hoffentlich noch genug Benzin ausspucken, damit ich ankomme. Zeit, die Sonnenbrille zu schnappen und loszufahren. Es soll ein schöner Tag werden. Fynn Kliemann hat sicher wieder viel zu tun. Die anderen Instagrammer sammeln viele tolle Bilder und Emotionen, kreieren Inhalte für ihre Follower und befeuern den Social Overkill. Alles toll, alles schön, wo ist endlich das Anstigram? Der Ort an dem die Schattenseiten dargestellt werden (dürfen).
Der Kaffeefleck trocknet langsam.

Ich trinke den letzten Schluck davon, dann scheiße ich mich aus und genieße mein Leben. Heute allein und ohne es zu fotografieren.

Montauk

Das Buch scheint in einer anderen Sprache geschrieben zu sein. Ich kann es nicht verstehen, die Zeilen gehen ineinander über und ergeben teilweise wenig Sinn. Stellenweise weiß man nicht, worum es geht, verliert den Faden, hat Mühe, sich zu erinnern, an das, was war oder ist, und ist völlig unvorbereitet auf das, was kommt ... und damit kommt das Buch der Beschreibung der Liebe wohl näher als jedes andere Werk, das sich ernsthaft an diesem Thema versucht. Benjamin von Stuckrad Barre hat es als sein Lieblingsbuch gepriesen, als das Buch, das er immer verschenkt, weil da wohl alles drin steht, über die Liebe oder so. Das war dann auch der Grund, es für mich zu kaufen. Am Anfang habe ich ewig nach Morgentau gesucht. Leider ohne Erfolg. Das hat Symbolcharakter. Mit dem Suchen und der Liebe und so.

Der größte Fehler wird oft am Anfang gemacht - mit weitreichenden Folgen. Jetzt, 80 Seiten später, ist auch das, was da alles drin stehen könnte, der Grund, warum ich mich durch dieses Feuerwerk an Kurzgeschichten kämpfe, das mehr Fragen aufwirft, als es beantwortet.

Mein persönliches Montauk, ich traue mich nicht, genau darauf einzugehen, es hat wieder einmal die üblichen verdächtigen Züge angenommen. Warum macht man im Leben immer wieder die gleichen Schachzüge, warum wählt man immer wieder die gleichen unbezwingbaren Gegner? Bis man was lernt?
Man nimmt den Gegner vielleicht einfach zu ernst, hat zu

viel Respekt und steigt zu früh zu tief ins Spiel ein. Das ist wohl der einfache Grund, warum manche Sparringspartner auf diesem Schlachtfeld sich übermütig anfühlen.

Ich bin jetzt in der vierten Runde und habe es eigentlich ganz gut verstanden: Es gibt Menschen, die mag ich, die benutzen mich, tiefe Verbundenheit entsteht so richtig erst später, dann, wenn mein Interesse erloschen ist, vorher Krampf, Kampf und verzweifelte Versuche, in der Partie die Oberhand zu behalten. Die anderen, vermeintlich schwächeren Gegner oder Partner, die da waren, zu leicht zu schlagen, waren eigentlich schon schachmatt, bevor die Partie begonnen hatte.
Vielleicht gibt es auch keinen Krieg und ich kann den Frieden nicht genießen.
Was ist diese Liebe? Kampf oder Hingabe? Irgendwo dazwischen liegt sicher die Wahrheit und es wäre einfacher, wenn es nicht Millionen von Musikstücken gäbe, die sich nur um dieses Thema drehen. Da geht viel Kraft verloren, zu viel. Wer klug ist, sucht sich einen ebenbürtigen Gegner und sagt dann: Okay, schau mal: Egal, was jetzt kommt, wir ziehen das durch. So war das wohl früher, und irgendwie wäre es ganz klug, sich daran zu orientieren, statt im Selbstoptimierungswahn auf dem Egotrip darauf zu hoffen, dass schon jemand kommt, der sich besser anpasst, an das eigene Sein und mitspielt, ohne selbst einen falschen Zug zu machen. Ein Mensch, der auch nach 20 Jahren noch genug ist. Natürlich darf man sich selbst dabei nicht vergessen. Was. bleibt ist meist nur die Erkenntnis: spring früher ab, verschwende weniger Zeit und vor allem Energie. Deine Zeit ist kostbar, wenn der Einsatz schon am Anfang nicht reicht, dann ist hinten raus auch nicht mehr viel zu holen.

Ich will nicht behaupten, dass es mir Spaß macht, solche Erkenntnisse spät in der Nacht in mein Notizbuch zu tippen. Ich könnte genauso gut mit meiner ersten Freundin in einem Bett schlafen, morgen die Jungs zum Fußball fahren und nachmittags die Großeltern zum Kaffee empfangen. Das wäre eine ruhige Kugel, vielleicht wäre man damit sehr zufrieden. Stattdessen dieses Drama. Die ganze Nacht eine dramaturgische, zwanghafte Vorstellung, und man kann die Rolle des Hauptdarstellers nicht an jemanden abtreten, der mehr Talent hat. Der Weg zur Selbsterkenntnis ist gepflastert mit herben Schlägen des löchrigen Asphalts alter Ansichten, die das Weltbild erschüttern. Im Adrenalinrausch fragt man sich, wie das möglich ist, und dann kommt das kleine Kind wieder zum Vorschein. Tief im Inneren sind all die Geschichten und Muster, die man verdrängt oder übersehen hat, wieder da. Die Lösung ist nicht das Suchen, sondern das richtige Finden. Zu wissen, wonach man sucht oder besser nicht mehr sucht.

Von wegen Selbstverliebtheit und so, vielleicht ist es Narzissmus, dass man sich genau das aussucht, was immer wieder die gleichen Fehler produziert oder widerspiegelt und immer dann scheitert, wenn es gut werden könnte. Das alles klingt dramatischer, als es letztlich ist, und für alle, denen es ähnlich geht, sei gesagt: Es wird besser. Nur irgendwann sollte man den Kreis durchbrechen. Sonst kommt unweigerlich der große Knall, der einen aufweckt und einem die Dinge vor Augen führt, die man die ganze Zeit nicht sehen wollte. Mein Lieblingsthema, das Karma, es schlägt zu, wo man austeilt. Kein Leid bleibt ungesühnt, die Hoffnung, im Besseren das Gute zu finden, ist wohl ein Trugschluss. Man gibt dem Ego nur noch ein bisschen mehr Zucker, das macht fett und geht ans Herz.

Die Vögel zwitschern, es ist kurz vor vier. Der Samstagabend neigt sich dem Ende zu. Ereignisreiche Stunden liegen hinter mir und niemand interessiert sich wirklich dafür, dass da jemand im Auto am Straßenrand sitzt und versucht, das Ganze in Worte zu fassen. Millionen solcher Geschichten passieren jeden Tag und jede Nacht überall auf diesem Planeten. Die Welt ist verrückt. Die Menschen sind

wie Tiere. Wie man es dreht und wendet, Liebe ist manch-
mal nur eine Illusion, ein Wunschgedanke, eine Projektion,
ein verschwommener Nebel im Morgentau.

Regenwald

Es ist Herbst geworden.
Tropfen fallen auf das Blech meines Autos.
Ein Stück Waldweg, eine Landstraße, Menschen und Zeit
rasen vorbei - sonst steht alles still. So war es auch gestern
Abend, nur ohne Regen.Wut. Nie gekannt, nie erlebt, wozu
auch.Diese Emotion begraben? Verdrängt... Man sagt, es
gibt 7 Emotionen, 7 Wege des Körpers nach draußen, und
wenn auch nur einer dieser Kanäle blockiert ist, kommt es
zu einem Ungleichgewicht und die Energie sucht sich einen
anderen Weg. Ein blonder Engel, der eigentlich keiner
ist, hat mir das in einem Kloster erzählt, aber das ist eine
andere Geschichte. Nun war es so, dass der Feldweg gestern

Nacht überwacht wurde. Eine Videokamera hing unbe-
merkt über mir in den Bäumen. Geschütztes Gebiet stand
irgendwo auf einem Straßenschild, dazu Einfahrt verboten.
Ich fuhr hinein, denn was sollte schon passieren, auf einem
dunklen Feldweg um diese Zeit. Dann nahm ich meine auf-
gestaute Wut, öffnete den versperrten Kanal und ging zum
Kofferraum. Dort fand ich eine Spielzeugpistole, ein Symbol
der Gewalt. Ein perfektes Ziel für meine aufgestaute Wut.

Ich legte den schwarzen Gegenstand auf den Waldboden,
suchte mir einen großen Stock und schlug auf das kleine
Plastikspielzeug ein. Es zerbrach in viele kleine Stücke und
ich schlug weiter. Kleine Plastikteile flogen durch die Luft
und vermischten sich mit dem Herbstlaub. Das Schauspiel
dauerte so lange, bis nur noch winzige, kaum erkennbare
schwarze Teile auf dem Waldboden zu sehen waren.
Friedliche Stille durchzog für einen Moment die Nacht.

Ich war erschöpft, atmete schwer und hielt meinen Holz-
knüppel zitternd in der Hand. Dann wurde es plötzlich sehr
laut um mich herum. Hundegebell und Menschenschreie
hinter mir. Ein großes, dunkles Etwas stürzte bellend auf
mich zu, direkt hinter ihm Taschenlampen, die wie Schein-
werfer in meine Augen leuchteten.„Halt! Halt! Was machen
die da? !" Der Wachhund stand nun direkt vor mir und bell-
te mich bedrohlich an. Ich hatte vergessen, dass ich einen
dicken Knüppel in der Hand hielt und spürte genau die
Emotion, die ich gerade versucht hatte zu verdauen: Wut
(oder besser Angst).

Der Mann brüllte: „Bleiben Sie stehen und rühren Sie
sich nicht".Ich hatte in diesem Moment an nichts anderes
zu denken und blieb ungewöhnlich entspannt, denn die
größten Stresssituationen lösten bei mir immer den tiefsten
Entspannungszustand aus.
Emotionen kontrollieren zu können, ist manchmal gar kei-
ne so schlechte Angewohnheit.
Leise stieß ich aus: „Ich, ich bin nur hier, um meine Wut
rauszulassen". Im Augenwinkel und im Lichtkegel der Lam-
pe sah ich, dass es ein Schäferhund war, der sich vor mir
aufgebaut hatte.
Ein stattliches Tier, das gierig an meinem Bein schnupperte,
wohl in der Hoffnung, gleich einen kräftigen Bissen zu be-
kommen.
„Jack, bleib, sitz, komm, raus!"
Keines dieser Kommandos schien den Hund zu interessie-
ren. Ich erinnerte mich an die Zeit mit meinem eigenen
Kampfhund. Ruhig bleiben ist die beste Option, denn jede
Aktion könnte als Aggression aufgefasst werden und er will
nur sein Rudel und sein Revier verteidigen.

Der Mann mit der Taschenlampe kommt näher und mus-
tert mich.
Ein Großstädter mit modischem Parka und Seemannsmütze
schlägt hier also in einem kleinen Waldstück auf den Wald-

boden ein.

Was er sich wohl gedacht hat.

Spätestens jetzt war ihm klar, dass die Situation harmloser war als gedacht.

Niemand wollte sein Grundstück betreten. Hier hatte sich nur jemand verlaufen oder verirrt und suchte einen Ausweg aus seinem Irrgarten der Gefühle und Emotionen. Gewalt ist sicher keine Lösung, aber sie befreit. Egal welche Art von Gewalt man empfängt, sie muss raus, sie muss den Körper verlassen. Ich drosch meine negative Energie in die Spielzeugpistole. Eigentlich war ich froh, dass kein Kind mehr damit spielen konnte. Die Geschichte vom Kerl mit dem Knüppel im Wald wird in den nächsten Tagen die Runde machen, davon bin ich überzeugt. Nachdem die Situation geklärt war, lag Sanftmut in der Luft. Eine Form des Friedens und der Fürsorge. Menschen, die gewalttätig werden, haben anscheinend keine andere Möglichkeit mehr, sich auszudrücken, oder sie haben es nie gelernt. Wie dem auch sei, man sollte sich vorher vergewissern, dass der Waldweg nicht zu einem bewachten Gelände führt, bevor man sich entschließt, sich seiner negativen Energie zu stellen.

Beltbude

Hier fängt sie also an, die neue Zeit.

Vom Trainer direkt ans Meer, eine kalte Brise weht mir ins Gesicht.

Das kleine Häuschen an der Nordspitze Fehmarns ist aus seinem Dornröschenschlaf erwacht und zu einem beliebten Anlaufpunkt für Kiter, Wanderer und andere hungrige und durstige Gesellen dieses Küstenabschnitts der Insel geworden. Zeitrechnung ist vielleicht etwas zu monumental und Trainer eigentlich die Bezeichnung für psychologische Berater. Während andere noch überlegen, wie lange sie noch durchhalten, bis es soweit ist, stecke ich mitten in der Lebenskrise der Ende 30er Jahre. Man soll ja alles umarmen, was sich einem in den Weg stellt, also komm her, Du kleines Kuscheltier, das mich nun schon seit einigen Monaten am Boden hält. Lass dich drücken, ah ja so ist es schön, fühlt sich richtig gut an. Wo? Wie? Warum? Zu viele Fragen im Kopf und keine Antworten, der Job auf Eis gelegt, die Wohnung auf absehbare Zeit nicht mehr verfügbar - zumindest für mich, die Beziehung ein Traum aus Ficken und Schlägen, was fehlt?

Richtig, die Finanzen in Form von Herrn Zinsen vom Finanzamt, der die letzten Jahre doch noch einmal genauer unter die Lupe nehmen möchte.

Ach Herr Zinsen, (Name geändert - aber nicht viel) komm doch mal her und lass dich knuddeln.

Freunde?

Wer braucht schon Freunde, wenn er Karriere macht und glaubt, dass Geld wirklich alle Probleme löst.

Familie?

Soll wichtig sein. Lange nicht gesehen. Vernachlässigung auf allen Ebenen.

Natürlich sind das alles hausgemachte Probleme, **Ottonormalleider** verfällt da am liebsten erst einmal in den „Die Welt ist schlecht zu mir"-Modus, in dem alle anderen die Hauptschuld tragen.
Warum muss ausgerechnet ich mich mit diesen Problemen herumschlagen?
Die Welt ist so ungerecht. Zum Glück bin ich aus diesem Stadium heraus.
Das macht es nicht besser, fühlt sich auch viel beschissener an, aber hier und jetzt kommen wir zum wichtigen Punkt: Wenn man es selbst versaut hat, kann man es auch selbst wieder gut machen. Alles.
Man kriegt alles hin, und darüber will ich schreiben. Ich bin kein Student, der Krisenmanagement theoretisch in der Vorlesung Angewandte Psychologie in Raum 5.1 bei Professor Meier gelernt hat. Ich kann mit Stolz behaupten, dass mich das Leben schon öfter härter rangenommen hat als **Rocco Siffredi** seine „Filmpartnerinnen" und deshalb berichte ich euch jetzt live und quasi direkt aus dem Tal der Tränen, in das ich niemandem wünsche, in das aber viele selbstverschuldet oder unverschuldet hineingeraten sind.

Es gibt gute Hilfen und leider auch schlechte. Die Auswahl an Lebenskrisenberatern ist groß. Eine Vielzahl von Anbietern bedeutet aber auch, dass viel Schrott auf dem Markt ist. Früher suchte man Rat bei Häuptlingen, Ältesten und anderen weltlichen oder geistlichen Führern. Diese waren dann auch mit Lebenserfahrung gesegnet und meist auch so führungsstark, dass man sich auch an dieser Stärke orientieren konnte. Damals gab es noch Familienverbände, Dorfgemeinschaften, überhaupt festere Strukturen als in dieser Jeder-gegen-Jeden-Zeit. Man wusste, wo man stand, wenn man hinfiel, wurde einem wieder auf die Beine geholfen. Man fiel aber auch meist nicht so weit weg von zu Hause um. Heimat gibt Halt. Familien fangen auf. Freunde heilen die Wunden der Zeit. In der Neuzeit wählt man eine zentrale Nummer und wird zum nächstgelegenen Therapeuten mit freiem Termin durchgestellt. Das ist die neue Lotterie des (Über-)Lebens.

Ich hatte das Glück, drei verschiedene „Berater" der Neuzeit kennen zu lernen. Da ist der Analytiker, der aus jedem Zustand ein Problem analysieren will, das man dann ausgiebig bearbeitet. Da ist die hochintelligente ältere Dame, die im Grunde nur ihr Studienwissen abrufen und vorgefertigte Antworten geben kann. Und schließlich der durch Selbsterfahrung geläuterte, aufrichtige Guru der inneren Ruhe mit dezentem Hang zum Papatentum (eine Form der übertriebenen, aber sympathischen Fürsorge) für seine „Klienten". Patienten sind Klienten und Therapeuten sind Trainer. Man merkt, es wird viel blumig umschrieben, was im Grunde bedeutet, dass die Probleme größer sind, als ein Einzelner sie bewältigen kann, und dass sein soziales Umfeld nicht so gut aufgestellt ist, dass er dort Halt und Hilfe finden kann. Die Welt ist voll von Mentoren und Coaches. Jeder stößt an seine Grenzen und findet mehr Fragen als Antworten. Manche Lebenssituationen erfordern natürlich viel Kraft und manchmal auch Hilfe von außen, vor allem dann, wenn der klare Blick getrübt ist oder man vor lauter Alarmsirenen den beruhigenden Wind in die richtige Richtung nicht mehr hören kann.

Ich habe gerade den Namen meiner Mutter hier an der Seebude gehört und vor Schreck Burger und Pommes auf den Boden fallen lassen. Vielleicht habe ich auch beim Alstertrinken nicht aufgepasst. So genau lässt sich das nicht mehr nachvollziehen. Was bleibt, ist der Ketchup auf meinen Schuhen und der unglaublich leckere Burger im Dreck. Die Pommes und das Fleisch sind nicht mehr zu retten. Eben war noch alles so schön, die Vorfreude, der Hunger und plötzlich fällt alles in sich zusammen.

Schöner kann ich das einem Therapeuten nicht bildlich darstellen.
Die Situation ist bezeichnend. Genauso wie das, was danach passiert. Zu mir, dem Ruhesuchenden, gesellt sich eine bunte Mischung von Menschen. Das entspannte Rentner-ehepaar akzeptiere ich noch freundlich grüßend. Die kleine Familie lässt dann mehr Galle als Lächeln in mir aufsteigen. Es beginnt das Schauspiel, das ich so bewundere wie verab-scheue: schreiende Kinder, fliegende Essensreste, überfor-derte Elterntiere. Es ist beeindruckend und einschüchternd zugleich. Wie beides funktioniert, wie Selbstaufopferung aussehen kann, was Liebe bedeutet, all das wird mir jetzt vor Augen geführt.

Das junge Paar harmoniert perfekt. Er hält das quirlige Mädchen in der richtigen Höhe, sie füttert, gibt die Kom-mandos, er nickt oder willigt ein - eine Symbiose.
Der Apfelbrei reicht nicht, Geschrei bricht aus, ein Stück Brot kann den Hunger doch noch stillen. Der Kleine schaut mich nun schon einige Sekunden an. Sehr eindringliche Bli-cke mustern mich. Merkt das kleine Baby, dass ich über sie schreibe? Gibt es dieses unbewusste Radar schon in diesem Alter?
GagaUggoAggaDadda?
Wir verallgemeinern die Frage an dieser Stelle nicht, sonst driften wir zu weit ab.
Zum Glück kommt Rosi um die Ecke. Rosi ist ein Labrador-Mischling und hat ihr Herrchen im Schlepptau. Dieser gibt sich alle Mühe, Rosi zu erklären, wo es jetzt lang geht. Rosi wäre das natürlich völlig egal - aber er hat die Leine und da-mit die Macht in der Hand. Es ist wichtig zu verstehen, dass auch Menschen Rudeltiere sind und manche von Ihnen die Leine in der Hand halten und andere sich (lieber) führen lassen. Das ist im kleinen Kreis der Familie so und natürlich auch in der großen Masse der Menschen. Man wird ständig geführt und an die Leine genommen, außer vielleicht die wenigen Weltenbummler, die sich entschieden haben, zu-

mindest dem großen System zu entkommen.

**Flucht ist und war schon immer eine Lösung.
Vor Gefahren, vor Problemen, vor sich selbst.**

Man flüchtet in Zerstreuung, in Arbeit, in Liebschaften. Wer mit sich allein ist, verspürt schnell den Drang, etwas zu tun, die Zeit mit Lebensinhalt zu füllen. Wenn sich Lebenssituationen oder Wertvorstellungen ändern, führt das zwangsläufig zu Veränderungen. Der Mensch an sich ist bequem und ein Gewohnheitstier, er hält gerne an Dingen fest, über die er sich definiert und die ihn glücklich machen. So entsteht im Laufe der Zeit ein Kosmos, den man Umfeld nennt, den man sich selbst konstruiert hat und in dem man sich irgendwann wiederfindet. Ob man will oder nicht. Alle, die es mögen, sind in ihrer Blase und glücklich (meistens) bis an ihr Lebensende. Diejenigen, die weniger Erfolg (Glück) hatten oder vielleicht auch nur gerne Umwege gehen, die sitzen auf Fehmarn an der Beltbude und lassen den Burger in den Dreck fallen. Von so jemandem handelt diese Geschichte, über das Leben und die Zeit, die man sich nehmen sollte.

Dachboden

Käfiggitter an Käfiggitter.

Geschichte an Geschichte.

Jedes Abteil erzählt seine Geschichte. Das Abteil vor mir hat kein Schloss.

Herrenlos und vernachlässigt vegetieren ein Ofen und eine alte Matratze darin vor sich hin. Am liebsten würde ich mich jetzt darauf legen und die Stille des riesigen Dachbodens unter dem Giebel noch ein wenig auf mich wirken lassen. Nebenan ist eine richtige Rumpelkammer. Die hat zwar wenigstens ein Schloss, aber der Anblick des Inneren ist eher traurig. Kisten und Utensilien stehen durcheinander und verstreut. Ein wilder Haufen Unordnung.

Wie es wohl in der Wohnung dazu aussieht?

Ein paar Schritte weiter kommt Ordnungsfreude auf, hier lebt offensichtlich jemand mit System. Zumindest sieht es so aus, wenn man den Dachboden betrachtet.

Der nächste Raum ist eine interessante Mischung aus System und Chaos. Viele Kisten stehen wild durcheinander, sind aber gestapelt und irgendwie sortiert, so dass ein ruhiger Haufen entsteht. Als ich vor einigen Jahren staunend einem Freund zusah, wie er beim Einräumen eines Autokofferraums aus einer Vielzahl von Koffern die bestmögliche Anordnung bastelte (es passte nicht nur alles perfekt, er hatte auch bis in den letzten Winkel ein hochgeniales System entwickelt, das ich nicht nachvollziehen konnte), wurde mir klar, dass es Menschen gibt, die ein Händchen für Systeme haben. Sonst war dieser Mann der größte Chaot, aber hier in diesem Kofferraum schien seine Sonne

aufzugehen.
Wie ein positiver Gendefekt.

Nach vier weiteren Abteilungen beende ich meine Analyse
dieses Hauses.
Die Menschen und ihre Dachböden.
Welche Schlüsse könnte man daraus ziehen?
Die Wohnung ist das, was man gerne präsentiert. Aber mich
hat schon immer der Teil interessiert, der eigentlich im Ver-
borgenen liegt.
Mein Dachboden hier ist offen, genau wie meine Wohnung.
Er ist leer bis auf ein paar wertlose Dinge. Gerümpel, das
mich nicht bewegt, aber ein bisschen belastet, weil es zu
allem eine kleine Geschichte gibt. Eigentlich könnte ich ihn
ja zurücklassen, die Hausverwaltung hat meinem Abteil bei
der Renovierung des Dachbodens die falsche Nummer ge-
geben. Aber dann wüsste ich immer, er ist noch da und was
ist dann irgendwann.Altlasten. Sie sitzen einem so lange im
Nacken, bis man sich von ihnen befreit hat. Und so werde
ich mich wohl noch oft auf den Weg zu diesem Dachboden
machen, um Stück für Stück meinen Rücken von dieser un-
sichtbaren Last zu befreien.

Den Schlüssel habe ich kopiert und aufbewahrt. Er sichert
mir den Zugang. Ein anonymer Dachboden in der Stadt, ein
kostenloses Quartier mit acht Quadratmetern eingezäun-
tem Sperrholzparkett, eigentlich ein schöner Ort für kleine
Rückzüge. Manche wünschen sich das sehnlichst. Tisch,
Stuhl und Matratze lasse ich für schlechte Tage hier.
Man weiß ja nie, was kommt.

Ego

Wenn du alles hast, weißt du es nicht.
Dann läufst Du durchs Land, getrieben und verloren, mit allem und nichts.
Du fliehst vor Dir selbst, vor der Verantwortung, vor der Liebe, vor dem Leben.
Immer tiefer in das leuchtende Dickicht hinein und um Dich herum, wo eben noch alles so hell und zum Greifen nah war, Dunkelheit und Einsamkeit.
Hätte ich gewusst, dass es sich so anfühlt, ich wäre den Weg nicht gegangen.
Ich war ein dummer Thor, angezogen von den richtigen Zielen, auf die falsche Fährte gelockt. Ganz unten oder ganz oben - von der anderen Seite betrachtet, ist das egal.

Einsamkeit ist Gift.
Menschenmassen auch.

Sehne mich nach Gesprächen. Dem Ego einen Spiegel vorhalten. Viele versuchen alleine auf die andere Seite des Spiegels zu kommen.
 Ihr glaubt nicht, wie schwer es ist, da zu sein.
Das Leben in Zerstreuung zu genießen.

So schreibe ich wieder - nicht zum Vergnügen. Frage mich, wo ich bin und wieso. Finde keine Antwort in mir und den anderen, alle um mich herum erscheinen mir wie Marionetten des falschen Weges.
Ein Ziel haben - ja!
Aber es gibt so viele.

Keine Wohnung mehr zu haben.

Angst.

Keine Arbeit mehr zu haben.

Angst.

Keine Gesundheit mehr zu haben.

Angst.

Oder ist das alles nur Einbildung?

Heilung durch Veränderung.

Klingt logisch, nur wie verändern.

Warten, dass etwas passiert.

In dieser Passivität entstehen mehr Fragen als gute Momente.Diese Wohnung, ich kann sie nicht mehr sehen und muss sie doch noch erleben.

Mein Rückzugsort.

Diese Stadt, ich kann sie nicht mehr sehen und doch ist sie mein Zuhause.

Ich bin wie gelähmt.

Am Anfang des Jahres war alles da.

So viel Leben, so viel Energie, vieles davon falsch, anderes sicher sehr richtig.

Jetzt sind sie alle weg, die Geister, die ich rief.

Die Jobs, die Frauen und schließlich auch die Wohnungen. Was bleibt, ist die pure Existenz, das Kind in mir weint, will gerettet werden und muss doch endlich lernen, sich selbst zu befreien - erst vom falschen Denken, vom falschen Handeln und dann vom Stillstand.

Wenn die Räder einmal stillstehen, ist es schwer, den Karren wieder in Bewegung zu bringen. Ich sollte ins Bett gehen, es ist schon kurz vor 22 Uhr.

Das allein sagt schon alles. Wo bin ich geblieben, wo ist die Nacht.

Wo ist der kleine blaue Vogel, der sich herauswagt, wenn alles schläft und mit wilder Energie die Flügel schlägt für das nächste Abenteuer.

Ich glaube, es gibt einen kleinen Schalter, gut versteckt und doch leicht zu finden. Der so viel verändern kann.

Ich lasse einfach los.
Was soll's.
Woran halten wir da fest?
Ein freier Geist.

Melancholie des letzten Sommerabends

Da kommt er, auf leisen Sohlen. Den ganzen Sommer über hat er sich angeschlichen, und plötzlich steht er da, wie ein Mahnmal für das, was war und das, was kommt.

Die Welt ist still geworden, es scheint, als ob jeder spürt, dass dies der letzte Moment ist, so etwas wie Wohlbehagen zumindest in der Natur zu erhaschen.

Es sind 20 Grad, für die Küste fast schon Hochsommer, und das Meer hat seine Wellen geglättet, wie es sich für diesen Tag gehört. Es sieht aus, als könnte man mit einem Messer die oberste Schicht dieser Butterfläche abheben und aufs Brot schmieren.

Im Auto neben mir sitzt ein älteres Ehepaar und schaut aufs Meer hinaus. Seit einer guten halben Stunde. Der japanische Kleinwagen schnurrt, als sie losfahren. Die Frau wischt sich eine Träne aus den Augen, zwei Tage Dauerregen und kalte Temperaturen sind angesagt.

Da fahren sie hin, ihr Herbst ist in vollem Gange, dieser Herbst hier übernimmt ab morgen. Die Vögel - die noch da sind - zwitschern laut, als würden sie diskutieren, ob man es den Großen nicht nachmachen sollte. Wenigstens ein bisschen nach Süden, nach Baden-Württemberg vielleicht oder nach Bayern - aber da ist kein Meer, nur Berge - das ewige Auf und Ab.

Ich bin gespannt, wer als nächstes neben mir parkt. Diesmal ist es eine deutsche Marke und sie parken nicht - sie halten nur kurz an und fahren dann weiter - ist dieser Platz nicht schön genug?

Hier kann man im Auto sitzen und auf das Meer schauen.

Es liegt direkt vor einem und scheint zu schlafen. Ein großes Fernglas wird in die Luft gestreckt, der alte Mann und das Meer - ja, aber in echt mit Käppi und Schnauzer steht er plötzlich neben mir. Richtig freundlich sieht er aus und sucht mit seinem Blick das Ufer ab nach ... Booten? Vögeln? Nein, es müssen wohl die kleinen Schifferboote sein, die da vorbeiziehen. Es sind auch die letzten ihrer Art, bevor der Hafen geschlossen wird.

Ende Oktober ist überall zu spüren, dass der Mensch zurückweicht. Die Natur hat die Stürme, der Winter bringt die Kälte und den Frost, wo eben noch alles grünte. Es ist ein friedliches Ende dieses Jahres, des dritten hier am Meer. Das Ohr meines Hundes liegt in der Teetasse und er hat es nicht einmal gemerkt, wie er sich so auf den Schaltknüppel gelegt hat. Manches, was um einen herum passiert, merkt man gar nicht. Man kann mit einem Bein im Wasser stehen, während es regnet.

Im Grunde ist das auch nicht schlimm - es gibt Momente, da braucht man diese Unübersichtlichkeit, diese Fehler und Unachtsamkeiten.

Das nächste Auto ist größer, Mama, Oma, der Sohn und ... Nein, das war's. Er sprintet schnurstracks zum Strand, wirft Steine ins Wasser, Mama und Oma tappeln hinterher. Sie suchen auch Steine, nicht zum Werfen, einfach so. Ein kleiner Schatz zwischen all dem wertlosen Müll, ist es nicht das, was sich alle erhoffen.

Die Schuhe des Schmetterlings

Die Gläser meiner Brille sind beschlagen und ich kann kaum noch durchsehen. Vielleicht sollte ich sie polieren, vielleicht lasse ich den Schimmer aber auch lieber. Der leichte Nebel vor meinen Augen, der die Welt in etwas Weiches taucht.

Watte für die Pupillen.

Das und der Zigarettenrauch trüben meine Sicht auf die Linien, die sich vor mir auftun. Wie ich gestern Abend gelernt habe, kann man Kunst nicht machen, man ist nur das Medium und Neo Rauch, mein Vorbild in künstlerischer Hinsicht, hat damit den Nagel auf den Kopf getroffen. Wenn es fließt, dann muss man sich nicht anstrengen, dann braucht es keinen besonderen Raum oder Atmosphäre, dann ist man nur das Tor zur anderen Welt. Inzwischen fließen die Zeilen so schnell über die Tastatur wie die Gedanken aus meinem Kopf. Der neue Job, eine Mischung aus Glücksbringer und Problemlöser, hat auch den positiven Nebeneffekt, dass ich immer und ständig etwas schreiben muss. Meine Geschwindigkeit hat sich gefühlt verdoppelt und ich muss auch nicht mehr nach den Buchstaben suchen. Gut, die Umlaute, das P und das Q, aber diese Konsonanten liegen auch sehr ungünstig weit vom Schreibpunkt in der Mitte entfernt. Radio Gaga dröhnt in meinen Ohren. Voll aufgedreht, wie die Frau vor mir. Wo soll das enden, was als Abenteuer begann? Ich würde mir wünschen, dass sich die Menschen in dieser Tinder-Zeit mehr aufeinander einlassen. Für länger, das ist es, was drohend im Raum steht und dem freien Leben ein vorzeitiges Ende prophezeit. Um es mit den Worten meines Vaters zu sagen: Man muss mit einer gesunden Portion Rationalität und kompromissloser Ehrlichkeit an die Dinge herangehen. Damit stößt man zwar oft vor den Kopf und eckt an, aber nur so kann man ehrlich zu sich selbst sein und nur das zählt am Ende. Man muss die Traumschlösser der Vergangenheit, der letzten Generationen einreißen und leider auch selbst bereit sein, sich von Wünschen und Träumen zu verabschieden.

So viele Ehen gehen in die Brüche, ein Trauerspiel. Gebrochene Herzen, enttäuschte Erwartungen, man verliebt sich schnell, bleibt zusammen, wenn es passt, verwirklicht sich, entwickelt sich weiter und vergisst dabei oft, dass natürlich auch die Beziehung mitwachsen muss. Es geht nicht nur darum, gemeinsam die Abenteuer der Zeit zu meistern, Urlaube, Häuser, Kinder, wenn alles als Team funktioniert, gibt es keinen Grund, nicht auch der Sexualität als Team Raum zu geben, sich neu zu erfinden. Sonst entstehen Dramen, wo keine sein müssen. Vernachlässigte Frauen suchen ihr Heil in Affären und Männer, die ihren Mann in der Rolle des Vaters und Ernährers verloren haben, müssen irgendwann ihrem Jagdtrieb nachgehen, wenn sie nicht im Hobbykeller bei der Eisenbahn enden wollen. Das ist ein dramatischer Prozess.

Die Wiederentdeckung nach Jahren ist meist nur eine traurige Ergänzung. Das Bild, das man über das Bild malt, und das Bild im Untergrund haben so tiefe Spuren hinterlassen, egal wie dick man neue Farbe aufträgt, es bleiben Täler und Berge. Dieser Text soll kein Beziehungsratgeber sein. Er soll nur dazu anregen, sich auch in der Liebe gedanklich mit der Möglichkeit auseinanderzusetzen, wirklich gute Beziehungen nicht zu zerstören. Denn das geschieht in den meisten Fällen aus purem Egoismus, da kann man noch so sehr die Schuld beim anderen suchen, es bleibt ein selbstverursachtes und ichbezogenes Verhalten. Man geht gemeinsam in eine Welt hinein, also sollte man sie auch gemeinsam wieder verlassen. Das ist die einzige Chance für beide, neue

Horizonte zu entdecken, wenn der gemeinsame Zenit erreicht ist. Sicherlich gibt es Verbindungen, die sich nicht für eine lange Beziehung eignen, aber auch dann wird aus Spiel irgendwann Ernst, jeder braucht seine Freiräume und jede Beziehung ihre ganz privaten Momente. Gefährlicher als die Realität sind die Denkmuster, die dabei entstehen.

Ich habe keine Zeit mehr für diese Art von Zeitverschwendung, dachte ich und verirrte mich weiter. Das letzte Jahr der Kakerlake fühlte sich an, als würde man in der Küche auf dem Rücken liegen und wie verrückt mit den Beinen strampeln, um sich wieder aufzurichten. Neben der inneren Kakerlake hing die ganze Zeit ein Seil, an dem man sich hätte festhalten können. Stattdessen streichelte ich den Schuh, der mich von einer Ecke des Raumes in die andere kickte. Versteht mich nicht falsch, dem Schuh geht es eigentlich viel schlechter. Er ist zu klein, die Füße zu groß, er passt nicht, hat wohl nie gepasst, wollte aber immer passen, wenigstens in diese, seine, die große Welt. Aber eigentlich ist der Schuh nur ein Schmetterling.

Ein schöner Schmetterlingsschuh, ja, das passt.
Wenn man sich nicht entscheiden kann, hängt man, halb ausgezogen, mit bunten Farben bedeckt und doch zu klobig zum Fliegen, an einem Bein, das man nicht loswird, klammert sich an den Schnürsenkeln des Schmetterlings fest und verliert sich in der Zeit.

Alpträume

Ich habe immer gedacht, dass es so verrückte Frauen wie in Bukowskis Erzählungen nicht geben kann. Jetzt lebe ich seit vier Monaten mit einer zusammen und kann bestätigen, dass die Erzählungen in seinen Kurzgeschichten und Romanen nichts anderes als die Wahrheit sein können, so abstrus manche Geschichten auch klingen mögen. Ich habe einmal eine Frau an der Elbe gefickt, drüben im alten Land, am Ufer, während die Containerschiffe sich gemächlich die Elbe hinauf zum Hafen schlängelten. Vielleicht gab es Zuschauer aus Paraguay oder einem anderen wahnsinnig paradiesischen Land, unter dessen Flagge diese Kolosse über die Weltmeere schippern. Vielleicht bin ich oder mein Arsch gerade der Hit in einem Amateurpornoforum in Malaysia. Wahrscheinlicher ist aber, dass es einfach niemanden interessiert, wenn zwei menschliche Kaninchen an der Böschung entlangwandern und versuchen, im Dickicht ein geeignetes Plätzchen zum Knattern zu finden.

Solche Geschichten erlebt man und denkt sich schon währenddessen: wieder was für das imaginäre Notizbuch des Lebens. In diesem Büchlein stehen inzwischen viele Geschichten, und während man so vor sich hinlebt und auf Familie macht, den Wahnsinn manifestiert und sich dabei verausgabt, dem Unkontrollierbaren Herr zu werden, stellt sich schon mal die Frage: wozu.
Sicher, mit einer Verrückten ist das Leben an sich schon ausgefüllt genug, aber man hat ja nicht nur den Spaß, sondern auch den ganzen anderen Quatsch, mit dem man sich beschäftigen muss. Grundsätzlich sind Affären wohl die

bessere Variante, denn: Glück ist die Abwesenheit von Krieg und Liebe.
Danke an dieser Stelle an Olli Schulz für diese Weisheit.

Der Schauplatz, ob zu Hause oder im Ausland, ist geprägt von Spannungen, Kompromissen, Diplomatie, Auseinandersetzungen, Friedensabkommen, Attentaten … Man könnte die Liste endlos fortsetzen, das Vokabular von Krieg und Liebe, es ist nicht zufällig das gleiche. Und so sitzt man da, nachts, allein auf dem Sofa, hat über eine Stunde lang vergeblich versucht, die Wogen zu glätten, die irgendwo am Abend durch verletzte Egos aufgewühlt wurden.
Überhaupt das Ego, das Persönliche, es ist doch immer sehr schnell verletzt, wenn die Menschen doch endlich die Menschen sein lassen könnten, wie sie sind. Aber nein, alles muss konditioniert und geregelt werden, dem großen Ganzen untergeordnet, mit Freude im Hamsterrad.
Ach, ihr wisst, was ich meine. Ihr habt doch selbst jeden Tag Euren ganz persönlichen Kampf. Und es ist wirklich schade, dass es Kämpfe sein müssen. Warum kann nicht jeder arbeiten, wann er will? Ich unterstelle den Menschen, dass sie grundsätzlich alle Lust haben, etwas Produktives zu tun und etwas zu erreichen, aber jeder hat einen anderen Rhythmus. Lass den einen seine Fehler haben, dafür kann er andere Dinge besser. Wenn du nicht früh aus den Federn kommst, weil deine innere Uhr anders tickt, dann arbeite doch einfach später. Hört endlich auf, alles so in Form zu gießen und darin euer Seelenheil zu suchen.
Es geht ums Funktionieren. Bei einer Funktion in der Mathematik wird einem schlecht, aber das Funktionieren ist nicht viel anders. Die Beziehung zwischen zwei Mengen, es geht um die genaue Zuordnung. Alles ist geregelt, damit es funktioniert, wie du und ich. Die Mathematik regelt die Zahlen und die Zahlen regeln die Zeiten und die Zeiten regeln das Leben.

Zeit zum Schlafengehen, ich glaube nicht, dass ich so eine

abbekommen habe, die mir nachts im Schlaf die Eier ab-
schneidet. Keine Frage, sie hätte das Potential dazu, morgen
wissen wir mehr.
Bis dahin noch mit Gemächt, gute Nacht.

Neukölln

Wäre ich doch nur in Kreuzberg gelandet.
Stattdessen sitze ich in Neukölln in einem Altersheim und
bin dem Tod so viel näher als dem Leben. Überall sitzen die
armen, lebenden Zombies, verbrannte Glühwürmchen in ei-
ner Art Krankenstation. Die Gänge sind gelb statt weiß und
es gibt keine Krankenschwestern, sondern Pflegepersonal in
Form einer alten, gruseligen Seele, die sich Stationsleiterin
nennt und deren einzige Aufgabe es heute ist, nachzuschau-
en, ob die Bewohner dieses Raumschiffs des Todes in ihren
Kajüten noch leben. Auf eine von ihnen warte ich gerade,
während ich diese Zeilen schreibe. Sie ist stolze 103 Jahre alt
und meine Großtante. Ein paar Mal habe ich schon an ihre
Zimmertür geklopft, bin kurz hineingegangen, habe sie aber
immer nur im Bad gehört, als sie sich zu orientieren ver-
suchte. Eigentlich ein schlechter Zeitpunkt für ein „Hallo,
hier bin ich! ". So saß ich über eine Stunde zwischen den
Zimmern im Flur und beobachtete das Treiben. Ich fühlte
mich wie auf dem Vorplatz eines Friedhofs. Immer wieder
tauchten Gesichter gelebten Lebens auf und zogen an mir
vorbei.
Ihre Blicke blieben für einen kurzen Moment an meinem
Gesicht haften, als hofften sie, in mir jemanden wiederzuer-
kennen, den sie längst vergessen hatten. Es waren wortlose,
traurige, unendlich schöne Sekunden. Meine Großtante war
Ärztin gewesen und damit so etwas wie der Gegenentwurf
zu meiner Lebensphilosophie. Sie war gerade 103 Jahre alt
geworden, und der Gedanke an dieses biblische Alter ließ
mich an meiner Fähigkeit zweifeln, 73 zu werden.
Endlich öffnete sich die Tür einen Spalt und sie schaute

misstrauisch heraus.

„Ah, da bist du ja, einen Moment bitte", dann bat sie mich herein.

„Ich muss jetzt pünktlich zum Abendessen, aber Du kannst gerne hier sitzen und warten. Es dauert vielleicht eine halbe Stunde."

„So lange wollte ich doch gar nicht bleiben?"

„Was? Ach, vielleicht hast Du Hunger, hier sind ein paar getrocknete Pflaumen", und sie reichte mir eine Packung undefinierbarer, dunkler, sehr runzliger, seit drei Jahren abgelaufener Steine.

„Nein danke, ich habe keinen Hunger.

„Hier sind noch ein paar Schokoriegel! ".

Ich gab auf und bedankte mich für die mit Schokolade überzogenen Gebäckstangen mit dem Haltbarkeitsdatum 18.02.2012.

Vor sieben Jahren hätte das also noch geschmeckt, jetzt war das Braun der Schokolade einem undurchsichtigen weißen Belag gewichen.

Es war kein Schimmel, das konnte ich erkennen, mehr aber auch nicht.

Wir missverstanden uns prächtig, sie taub, ich ein nuschelnder, sehr schwer verständlicher, völlig unbekannter Verwandter. Wir waren uns zum ersten und letzten Mal bei meiner Taufe begegnet. Meine Schwestern und meine Eltern waren schon hier gewesen, und irgendwie hatte ich in diesem Jahr das Bedürfnis verspürt, auch einmal hierher zu kommen und mit einem meiner ältesten Vorfahren auf Entdeckungsreise in die Vergangenheit zu gehen.

Sie verabschiedete sich und ließ mich mit den Leckereien in ihrem Zimmer zurück.

Es war nicht größer als 15 Quadratmeter und der Rest ihres 103-jährigen Lebens bestand aus ein paar Fotoalben und einem Sessel, den sie seit ihrer Kindheit besaß und auf dem sie schon als kleines Mädchen gesessen hatte. Das Fenster des Zimmers ging auf eine viel befahrene Straße, aber wer wie sie sein Leben lang am Alexanderplatz gewohnt hatte, den dürften die paar Autos nicht mehr gestört haben. Aus Höflichkeit hatte ich mir bei der Verabschiedung einige der Köstlichkeiten, mit denen sie mich versorgt hatte, in den Mund gesteckt und versehentlich etwas davon verschluckt. Das rächte sich nun, denn mein Mund war trocken und schmeckte schrecklich alt und abgestanden. Auf dem Tisch entdeckte ich zwei Flaschen Wasser, die hier zum Glück anscheinend täglich ausgetauscht wurden.

Ich schaute aus dem Fenster und versuchte, mich in dieses Leben hineinzuversetzen. Für kurze Momente hatte ich das Gefühl, selbst ein Bewohner dieses Altersheims zu sein, und es dauerte eine Weile, bis ich mich aus diesem gedanklichen Traum wieder in die Realität zurückgeholt hatte. Dieses Leben war definitiv vorbei, der Körper war gebrechlich, die Gedanken verloren sich langsam aber sicher im Jenseits und ließen sich nicht mehr einfangen. Trotzdem musste Ordnung sein.

Als sie wieder hereinkam, bemerkte sie sofort, dass eine der Wasserflaschen nicht mehr an ihrem ursprünglichen Platz stand, und natürlich musste sie das korrigieren. Ich hatte inzwischen die Hälfte der alten Pflaumen und der vergilbten Schokolade eingepackt und bedankte mich freundlich für das leckere Essen. Sie versuchte sich zu erinnern, wer ich eigentlich war, aber irgendwie schien sie an diesem Tag keine Kraft mehr zu haben. Inzwischen fragte ich mich, was ich hier eigentlich wollte. Ich kannte diese Frau nicht und außer der Tatsache, dass mein Großvater ihr Bruder war, gab es keine Verbindung. Sie versuchte Gemeinsamkeiten zu finden und erzählte mir von ihren Verwandten und ich erzählte ihr von meinen, als würden wir über Fremde reden. Es gab keine Berührungspunkte, keine Chemie, kein Gespräch. Sie war traurig, mich und uns so zu sehen.

„Du, ehrlich gesagt, weiß ich gar nicht, warum du hier bist und worüber wir jetzt noch reden sollen", beendete sie das Schweigen, das sich nun in immer längeren Zeitabschnitten hinzog. Ich versuchte ihr nicht mehr zu erklären, dass ich im Anschluss noch zu einer Stand Up Comedy Show gehen würde und beließ es bei dem guten alten „Theaterstück", das bald beginnen sollte. Sie gab mir die restlichen Pflaumen und die Schokolade mit auf den Weg.

Jetzt, um 19 Uhr, war es schon spät, und es war sehr schwer, noch etwas zu essen zu bekommen. Mein Blick wanderte ein letztes Mal durch das Zimmer, zu Ihrem Sessel, zu den Zeitungen auf Ihrem Tisch, zu den Fotoalben mit Menschen, die mir nichts sagten, zu den Resten Ihres Lebens, von denen ich nichts wusste.

Als ich wieder im Auto saß und das Navigationsgerät neu einstellte, fühlte ich eine seltsame Beklemmung. Es war das einzige und wohl auch letzte Mal, dass ich diesen mir so nahestehenden Menschen traf, und dann endete die Begegnung auf diese merkwürdige Weise.

Sympathisch und ehrlich war unser Theaterstück allemal. Warum sollten wir noch mehr Zeit damit verschwenden, eine Brücke zu bauen, wo es nie eine Verbindung gab? Es war für mich eine große Lektion des Lebens, Dinge, die sich nicht gut anfühlen, so schnell wie möglich zu beenden. Auch in der Familie.

Vom Parkplatz des Seniorenheims ging es direkt auf die Straße und durch den Berliner Abend. Keine Zeit, die Gedanken weiter zu sortieren. Einchecken im Hotel, ein Bier für den Weg in die Hand und als letzter die kleine, überfüllte Bar betreten. Die Show beginnt, alles auf Englisch. Ich sitze neben einer sehr dicken Rothaarigen, deren Hintern so breit ist, dass sie mit ein paar Zentimetern auch auf meinem Stuhl Platz genommen hat. Es gibt StandUp aus New York, und ich scheine der Einzige zu sein, der Probleme mit der Geschwindigkeit und dem Slang des Künstlers hat. Ich denke kurz an das Altersheim, an den Flur, an die Menschen, die ich dort getroffen habe und an meine Großtante. Dann greife ich in meine Jackentasche und fühle eine warme Mischung aus Rosinen und Schokolade.

Sie starb wenige Wochen später und ich weiß bis heute nicht, warum ich dort war.

Tindern beim Urologen

Es ist 11.30 Uhr und eigentlich sollte ich jetzt arbeiten.
Der Sex mit der wildfremden, rassigen Spanierin war nicht
besonders heftig, aber es hat trotzdem geblutet, und jetzt
sitze ich hier und suche etwas, von dem ich nicht weiß, ob
es überhaupt existiert, trinke endlos viel Wasser, damit ich
pinkeln kann und die Untersuchung endlich beginnt.
Zu viel Sex? Vielleicht. Schlampenmodus seit Silvester.
Der Wasserspender macht ein komisches Geräusch. Es ist
sehr laut um mich herum, und die beiden Leute, die mit mir
in diesem Raum sind, sind in ihre Zeitungen vertieft. Die
Frau neben mir schielt über ihre Zeitung hinweg und be-
obachtet meine Wasserorgie. Der Typ gegenüber hat andere
Sorgen, er hat offensichtlich schon einiges durchgemacht.
Wir tauschen einen kurzen, mitleidigen Blick aus. Er weiß
jedenfalls, dass es hier keine Gewinner gibt.
Warum ich hier gelandet bin, kann ich immer noch nicht
genau sagen.
Auch jetzt, Stunden später, gibt es keine Erklärung für das
Blut im Kondom.
Eine Verletzung der Harnröhre? Vielleicht liegt es an den
engen Plastiktüten, die man kaum über die Eichel bekommt
und die dann auch noch austrocknen, je länger man sie
benutzt. An denen reibt man sich im wahrsten Sinne des
Wortes auf. Irgendwie ging alles sehr, sehr schnell, sie saß
auf mir, sehr hoch in der Luft, vielleicht ein bisschen zu
hoch. Ein lautes, dumpfes Geräusch, ein Schrei, verzwei-
felte Blicke in Richtung Schoß - so etwas passiert im Eifer
des Gefechts. Kein Grund, sich darüber zu wundern. Das
Einsatzgerät ist bereits an seiner Verschleißgrenze ange-

langt. In den letzten Wochen wurde so viel gerödelt wie ein islamischer Pavian, nachdem er seine 72 Jungfrauen im Paradies getroffen hat. **Auf Verschleiß zu arbeiten war noch nie eine gute Idee.**

Es ist der große Ausverkauf des Lebens. Mit Mitte dreißig in der Großstadt, da braucht man sich wirklich nicht anzustellen. Es gibt mehr unzufriedene, einsame Frauen und Mütter als Äpfel aus dem alten Land. Sie alle sehnen sich in ihren hübsch eingerichteten Altbauwohnungen nach einem halbwegs romantischen Techtelmechtel für die kurze Zeit, wenn der oder die Kleine zur Schule gebracht wird, oder für die Wochenenden, an denen der Ex auf das Kind aufpasst (und damit verdammt ist, seinen Dödel in den Dienst der Familie zu stellen, die er verlassen hat/verlassen musste).

Irgendwie muss man da durch, es macht ja auch Spaß, emotional so kalt wie ein Stein in Island die Damen zu beglücken. Man spielt den kühnen Retter der verlorenen Herzen - mit ein paar netten Texten, Wärme, Nähe und natürlich dem Penis. Dass das Arbeitsgerät nun seinen Dienst versagt, kommt zu einem denkbar ungünstigen Zeitpunkt. Es passiert immer dann, wenn man es am wenigsten braucht - oder vielleicht gerade deshalb. **Karma.**

Immer hat man die Wahl, immer steht auch das Gute im Raum und hat die Arme weit geöffnet, streichelt die Seele und lässt sie aufblühen ... und dann nimmt man das Gute, bringt es zum Bahnhof und steigt selbst in den falschen Zug. Karma vergisst nie, Karma sieht alles.

Das Karma schickte mir ein sehr reizendes Wesen, in schwarzer Unterwäsche, mittellange braune Haare, einen Mund zum Knutschen und Strapsen an den Schenkeln. Das alles hübsch garniert mit einem leidenschaftlichen Blick und pünktlich um 8 Uhr zum Frühstück serviert. Und dann hat mich dieses Karma gefickt. **Hart aber herzlich.**

Hier Du Arsch, Du darfst noch einmal, aber dann kannst Du einpacken, genau dann, wenn es am schönsten ist, ziehe ich Dir den Stecker und Du musst ihn rausziehen. Ab jetzt kannst Du nur noch durch die Wohnung laufen wie ein verwirrter kleiner Junge auf der Suche nach Halt und die fremde dunkelhaarige Frau in Deinem Bett, sie wird Dir keinen Halt geben, niemand wird Dir Halt geben, wenn diese Rochade ans Licht kommt, dann geht Deine Sonne unter und **Du verglühst am Horizont der Sünde.**

Karma is a Bitch - und zwar die größte ... und wenn Du nicht hören willst, dann nehme ich Dir das, was Dir am meisten bedeutet: Deinen Schwanz. Chapeau!

Karma muss weiblich sein, vielleicht ist das alles nur gut gemeint und ich sollte mehr Kinderbücher schreiben, aber schon bei der Namensfindung für die Titel verheddern sich meine Gedanken im Erektionsgeflecht meines Gehirns:

Rumbo der geile Elefant mit dem Riesenschlauch.
Wolle Wal mit der Riesenflosse.
Henry Hengst und seine frechen Stuten.
Karl Kater und seine haarigen Kätzchen.
Kris Köter, ein Doggy kommt selten allein.
Heike Hummel - wenn dir der Honig über den Stachel läuft.
Steffi Spinne - mehr Fuß geht nicht.
Hans Hase - wo die Rammelwolle fliegt.

Es ist, wie es ist, ein Thema, eigentlich das Thema, nur irgendwie redet keiner darüber. Die Frauen nur, wenn sie betrunken sind, die Männer frühestens, wenn sie zusammen unter der Dusche waren. Dazu braucht es das, was selten entsteht: eine tiefe, ehrliche Verbundenheit zwischen Lochschwestern und Riemenbrüdern.

Es braucht mehr heterosexuelle Freundschaften (ohne Sex), mehr Liebe, mehr Spaß am Leben und am Sex, weniger Gefühle, mehr Energie. Partnerschaften müssen sich öffnen, alte Muster sind überholt. Gebrochene Frauen und selbstmörderische Männer. Seelisches Leid, wo es nicht mehr sein muss. Exklusivität ist ein Luxus, den es ein Leben lang geben kann. Nur muss sie auf einer anderen Ebene stattfinden als auf der Körperlichkeit. Auf der Ebene der Wahrheit, der Klarheit, der Realität. In einer Welt der Optionalität müssen Bindungen entstehen, die halten. Auch und gerade dann, wenn man den Schwanz einzieht. Die auch halten, wenn man sich von einem anderen ficken lässt oder sein Gemächt aus Versehen in eine fremde Dame rutscht. Menschen müssen sich gut tun, Liebe überall ... für jeden Körper und jeden Geist.

Jeder ist jederzeit für jeden erreichbar. Heute und wahrscheinlich noch viel mehr in der Zukunft. Jeder muss auch das verdammte Recht haben, sich zu entwickeln, neue Leute, neue Einflüsse, neue Geschichten, neue Emotionen. Die ganze verdammte Evolution muss weitergehen. Und das wird sie wohl auch in den Schlafzimmern dieser Republik und der Welt. Ein Umbruch, der nicht aufzuhalten ist.
Emanzipation und MeToo Deine Mutter.
Frauen stehen auf Männer, richtige Frauen auf richtige Männer. Aber richtige Männer lassen sich nicht domestizieren wie Löwen im Zirkus. Sie brechen irgendwann aus, fressen kleine unschuldige Zuschauerinnen und zerstören das Bild der künstlichen heilen Welt. Wenn Sie nicht ausbrechen, sterben Sie in Ihrem Gefängnis, das andere für Sie erdacht und gebaut haben.

Die Männer sind das starke Geschlecht. Aber das geistig stärkere Geschlecht sind und bleiben die Frauen. Zart, einfühlsam, liebevoll, brillant kombinierend.Nur in der Kombination beider Geschlechter entsteht mit der Zeit: Liebe. Dann - wenn beide ihre Rolle über einen gewissen Zeitraum erfolgreich erfüllen.
Die starke Frau will sich anlehnen, der starke Mann kuscheln.

Liebe ist die Augenhöhe, das Spiel auf einer gemeinsamen Ebene. Einlassen, loslassen, verlassen und wieder einlassen. Wir sind noch zu dumm und folgen blind jeder Kuh, die da durchs Reich getrieben wird - ich sage bewusst Reich, weil Hitler wohl der erste war, der die Dummheit der Massen mit all ihren Möglichkeiten verstanden und ausgenutzt hat. Man muss nicht auf den einzelnen Menschen Rücksicht nehmen, man muss den ganzen Menschenkörper für ein Thema begeistern, verängstigen, sensibilisieren. Immer und immer wieder. Kollektives Bewusstsein für eine Sache. **Opium fürs Volk.**

Vielleicht hinkt dieser Vergleich. Es geht um die Symptomatik, weil dieses perfide Spiel eben nicht nur mit den wirklich schädlichen Dingen betrieben wird. Medial wird alles programmiert und in den Gehirnen konditioniert, man traut sich keinen Apfel mehr zu essen, ohne Angst vor dem großen Gendefekt oder der Bakterieninvasion zu haben. Fleisch ist schlecht, Dieselautos sowieso und Plastik - das schlechte Gewissen frisst einen mit der Zeit auf. Alles wird geschluckt, jede Pille des medialen Wahnsinns und der eigene Filter, er kann das alles nicht verarbeiten, ist noch nicht geschult und hat keine Zeit dafür. Erst seit diesem Jahrhundert öffnet sich der Geist, weil er selbst wählen kann, welches Wissen er aufnimmt. Dort, in den Weiten des World Wide All, funktioniert die Zensur zum Glück noch nicht so gut und so schnell. Wer Zeit hat, bildet sich seine eigene Meinung und versucht auszubrechen, umzudenken, aufzuklären. Die Meinung der Masse war noch nie ein guter Ratgeber.

In der Großstadt sterben bis dahin unzählige Menschen innerlich, zerbrechen am Gefühl der Angst, des Kontrollverlustes, der Ohnmacht. Der Mensch ist zu dumm oder noch nicht so weit, oder sagen wir, er ist mitten in der Umbruchphase, raus aus der Konditionierung und rein in die Selbstfindung, in die Persönlichkeitsentwicklung, in die Transformation. Wenn die Leute wüssten, was für eine Macht sie da in der Hand und in der Tasche haben. Noch sind sie zu sehr abgelenkt, zu sehr in Rollen gefangen, in ihrem Leben, ihren falschen Sehnsüchten und dem einfachen Befriedigungstrieb, der Glückshormone ausschüttet, sobald man kauft, spielt, konsumiert und liebt. Wenn das aufhört, wenn dieses Bewusstsein reift, wenn der Mensch zu der Einsicht kommt, dass das Streben nach Glück ein Trugschluss ist ... dann wird es wohl keine Typen mehr geben, die beim Urologen sitzen, weil sie ein **spanisches Frühstück** hatten. **Nach dem Exzess kommt die Reinheit,** so wird es sein, mit mir und mit der Menschheit.

Klostergedanken

Auf dem Spielplatz, gleich neben dem Kloster, da steht
eine Bank. Das Kloster stammt aus dem Jahr 1260, die Bank
vielleicht aus dem Jahr 2010, wahrscheinlich ist sie jünger -
für die Ewigkeit wird heute nicht mehr gebaut. Eine richtige
Bank ist es schließlich auch nicht.
Es ist eher die Umrandung eines Sandkastens. Hier ist ein
kleiner Wald aus großen Bäumen, die sich sanft im Wind
wiegen. Im unscheinbaren Schatten einer alten Kirche liegt
dieser Flecken aufgeschütteter Sand. Eine Schaukel, ein
Klettergerüst, ein paar Balanciergeräte, zwei Tore auf dem
Grün daneben. Es könnte ein Fußballplatz sein, aber die
Tore sind zu groß für das kleine Stück Rasen und sie stehen
versetzt, nicht genau gegenüber, jedem Fußballer bricht bei
diesem Anblick das Herz und die Optik.

Das ist genau der Ort, an dem ich jetzt gelandet bin.
Ein Spielplatz ohne Kinder, ein Ort ohne Leben, um mich
herum ist alles da und doch nichts lebendig.
Verlassene Spielplätze sind die Herzen der Erwachsenen.
Die meiste Zeit wird nicht mehr gespielt, sondern nur noch
gearbeitet. Dann wird alles so schön gemacht und einge-
richtet wie dieser Spielplatz, wenn man die Zeit hat und die
Kraft und die Muse.
Aber meistens hat man nichts davon, und fast nie alle drei
Dinge gleichzeitig.
Neben dem Spielplatz und dem Fußballplatz liegt der Fried-
hof.
Was für ein geniales Arrangement.
Wenn die Bälle über den Zaun fliegen und auf dem Grab-

stein landen, dann klopft das Leben noch einmal an die Tür zur anderen Pforte.

Ob es hier 1260 schon einen Spielplatz gab?
Waren die Menschen vor 700 Jahren vielleicht dumm und arm, aber glücklicher?
Eine Kreissäge kreischt im Hintergrund, seit ich hier sitze, wird unermüdlich Holz gesägt. Wahrscheinlich gibt es neues Brennholz für den Kamin. Was für eine befriedigende Arbeit am Nachmittag.
Ein Mann geht mit seinem Hund spazieren, raucht, telefoniert.
Ein Paar mit Hund kommt ihm entgegen, die Hunde begrüßen sich, schnuppern am Hintern. Die Menschen würdigen einander keines Blickes. Keiner in diesem Rudel macht sich große Sorgen. Die Sorgen scheinen klein zu sein, oder zumindest nicht erdrückend.
So sollte das Leben sein.
Man braucht einen Spielplatz, vor allem für die Gedanken.
Man braucht ein Kloster für die Erinnerung.

Flachmann

Gold glänzend, so groß wie eine Brieftasche und gefüllt mit Rum.
Er liegt neben mir auf dem Sofa.
Nichts kann wirklich atmen, wenn man es einschließt.
Nicht einmal der Rum in seinem goldenen Käfig.
Eine alkoholfreie Erkenntnis der letzten Wochen und gleichzeitig eine Erlösung.
Kann man sich verlieren und doch bleiben?
Nähe genießen, ohne sie einzufordern.
Kostbare Lebenszeit verrinnt in Selbstzweifeln.
Ich war gerne mit mir allein und will es immer bleiben.
Dann, wenn die Nähe am nötigsten ist, gehen, loslassen, sich selbst finden und wiederkommen.
Das schweißt die Naht im Herzen.
Der Flachmann, der betäubt sie nur.

Verliebte Tiere

Verliebtheit ist eine Hure, sie ist die Gefangene eines Gefühls, falscher Erwartungen und Emotionen.
Es ist der einzige Zustand, der uns in das Ich der Urzeit zurückversetzt, in dem wir nur von Emotionen, Gefühlen und Ängsten geleitet wurden. Das Tier in uns ist in diesem Zustand schwer zu bändigen. Alle Vernunft der Jahrhunderte kann uns nicht aus diesem Zustand befreien, wenn er uns einmal überkommt. Dann sind wir ausgeliefert, verblendet, hypnotisiert. Ohnmacht überkommt uns, wir sind keine Akteure mehr, nur noch Statisten in einem Film. Wie Marionetten hängen wir an den Fäden des Schicksals. Niedere Instinkte hindern uns daran, vernünftige Entscheidungen zu treffen. Das Tier in uns ist entfesselt, wie ein blinder Tiger streifen wir umher. Wir haben genug Kraft, um Bäume zu entwurzeln, aber wir können den Weg nicht mehr sehen.

Relativitätstheorie II

Das, was bleibt, ist wichtiger als das,

was ist.

Fischstäbchen

Eine Schubkarre voll Sand wird angefahren. Gemeinsam heben zwei Bauarbeiter das schwere Gefährt über die kleine Steinmauer und verteilen ihn im neu angelegten Vorgarten des Häuserblocks. Der kleine Platz vor dem Klinkerbau, er soll wenigstens ein bisschen das Gefühl von wohnlicher Atmosphäre vermitteln. Das muss man den Menschen lassen, egal wo und wie gebaut wird, für ein bisschen Grün ist immer Platz und so wirkt die Stadt trotz ihrer Dichte sehr grün. Die Mauer ist ganz hübsch geworden, große Steinplatten wie Fischstäbchen übereinander, das Ganze um die Ecke, das passt irgendwie zu dem roten Klinker der Hauswand.

Die nächste Schubkarre kommt und die Sonne beleuchtet das Schauspiel.

Der Bauarbeiter im gelben Pullover raucht die ganze Zeit, es qualmt aus seinem Mund wie aus einem Schornstein. Seine Maschine steht unter Dampf. Er ist der Vorarbeiter und versucht mit Händen und Füßen zu erklären, was jetzt mit der ganzen Erde passieren soll. Die dritte Schubkarre kommt. Die Zigarette des Vorarbeiters ist verschwunden, das Feuer erloschen. Die Passanten nehmen kaum Notiz von den drei Erdverdichtern. Jeder ist in seinem Fluss. Jeder lebt in seiner Welt.

Ein alter Mann, der mit sich selbst spricht und vorbeihuscht.

Eine gebückte, dunkelhaarige Frau, schwer bepackt mit Tüten, geht vorbei.

Ein Paketzusteller parkt direkt vor der Baustelle.

Die Straßenreinigung in Form eines kleinen Straßenrandreinigungsfahrzeugs zieht ihre Kreise. Die Stadt hat diese Anonymität, die irgendwie befremdlich ist, aber irgendwie auch Ruhe ausstrahlt. Es gibt zu viele Geschichten, unmöglich, sie alle zu erzählen. Jede wandernde Seele - ein Buch zum Schreiben.

Jeder Bauarbeiter - ein Leben zum Zuhören.

Ist das die Auflösung des Egos?

Was zählt in einer Welt, in der man seinen Nachbarn kaum kennt, welchen Platz hat ein Mensch in dieser Anhäufung von Leben.

Hier kann man existieren, ohne zu sein, oder umgekehrt.

Wo sind die Träume der Menschen?

Ist Konsum das Leben der Stadt?

Geld kommt, Geld geht.

Menschen kommen, Menschen gehen.

Lebende Schatten und glänzende Hüllen.

Was bleibt nach all den Jahren und all den Geschichten ist ... die Fischstäbchenwand.

Heimat

An diesem See habe ich schon als kleiner Junge mit meinem Vater geangelt. Er war immer da und hat sich nicht verändert, während man selbst alle Höhen und Tiefen, alle Wasserstände der Zeit erlebt hat.

Heimat, was ist das eigentlich?

Das Kind in dir muss Heimat finden - ja, aber wo eigentlich.

Welches Kind überhaupt?

Wer bin ich - und wenn ich das bin, warum bin ich hier.

Sitzt hier das Kind oder der Erwachsene?

Ist Heimat ein Ort, an den man immer wieder zurückkehren kann?

Ist es ein Ort im Inneren, den man erst suchen muss?

Wer sind wir, wenn uns alles genommen wird?

Den Job, die Wohnung, Freunde und Familie - was bleibt?

Heimat im Herzen?

Es gibt Menschen, die wochen- oder monatelang an den einsamsten Orten der Welt leben können. Ohne eine andere Menschenseele.

Wie geht das?

Oder warum sollte es nicht gehen?

Wann warst du das letzte Mal ganz allein - für Stunden, vielleicht Tage?

Gibt es das überhaupt noch, dieses „allein" in einer Welt wie dieser?

Bei all den Möglichkeiten der Kommunikation - was ist das heute noch für eine Einsamkeit. Man findet sie kaum noch, selbst wenn man sie sucht. In den Städten ist sie kaum noch zu finden, und auch auf dem Land gibt es in Deutschland

bis auf wenige Ausnahmen kaum noch unberührte Flecken.
Heimat.

Heimat ist innere Ruhe.

Das Herz spürt, dass man da ist, wo man herkommt. Wurzeln im Körper. Auch Einsamkeit fühlt sich hier anders an. Vertrauter. Alte Orte neu entdecken, mit anderen Augen sehen. Verstehen, was bleibt, wenn man sich bewegt und verändert.

Was verändert uns?

Wie verändert man sich mit der Zeit?

Welche Biographie hat man seit dem Verlassen der Heimat durchlebt?

Oder anders gefragt: Was wäre passiert, wenn man geblieben wäre?

Mehr noch als damals wird eines deutlich: Das Umfeld macht es.

Deine Ausgangssituation zuerst. Bist Du geflohen oder mit Liebe gegangen. Kommst Du gerne zurück oder bleibst Du lieber weg. Daraus kann ein Muster entstehen. Frieden finden. Mit Dir, mit der Heimat, gerne auch mit dem Kind - das in der Heimat aufgewachsen ist. Viele Menschen leben unbewusst unter falschen Grundvoraussetzungen und wissen nicht, was richtig ist. Sie spüren es - aber sie können es nicht fassen. Die Natur eines Menschen ist nicht sichtbar - aber sie arbeitet unbewusst am Grundzustand: Zufrieden oder unzufrieden. Ruhig oder aufgewühlt. Laut oder leise. Ich sage, es geht nicht ohne Heimat, ohne Familie oder Freunde, die sich wie eine Familie anfühlen.

Einzelgänger werden verglühen wie Sternschnuppen am Horizont, aber neue Planeten werden wachsen - in Ihrem Sonnensystem.

Gewitterfliegen

Mücken krabbeln über meine Arme und Füße. Gestern krib-
belten meine Hände, Beine und mein Gesicht - die Nerven
liegen blank. Baldrian beruhigt mich, aber die Sturmfliegen
sind über meinen Körper und in diesen kleinen Ort hier
eingefallen. Überall am Körper juckt und kribbelt es, und
auch vor mir treiben unruhige Massen wie verzweifelte, ver-
irrte Fliegen über den Rummel des Hafenfestes.
Ich sitze am Wasser und versuche, ein paar Gesichter zu
deuten: unglücklich dreinblickende Paare, die sich nicht
lieben, und ihre armen Kinder, die so früh lernen, auszu-
halten, statt wegzulaufen. Wild und unberechenbar ist die
Alternative. Dann doch lieber Kontrolle im überschaubaren
Rahmen. Dazwischen immer wieder Frauen mit Kindern
ohne Partner, natürlich auch diese Konsequenz muss man
erst einmal leben. Alles läuft diese Promenade rauf und run-
ter, schaut, entdeckt, kauft, isst, beschäftigt sich mit Ablen-
kung und Konsum, für ein paar Stunden oder Tage raus aus
dem Alltag, rein in die gefühlte Veränderung unter unver-
änderten Bedingungen. Als Beobachter und Bewahrer des
Ganzen kommen einem Bilder aus den 20er Jahren in den
Sinn. Schwarz-weiße Bilder, auf denen sich die Menschen
für die Stadt fein gemacht haben. Sie hatten sich herausge-
putzt. Die Männer trugen Anzüge und die Frauen natürlich
Kleider, hochgeschlossen mit Hut. Die Menschen taten das
nicht nur, um sich zu präsentieren, es ging um Würde und
Respekt. Man musste ordentlich gekleidet sein. Ordnung
war das erstrebenswerte Leben. Fleiß wurde belohnt.
Bei den alten Menschen, die ich hier treffe, kann ich das
noch beobachten, wie sie diese alten Tugenden verinner-

licht haben. Die Männer tragen immer Hemden, die Frauen
Blusen. Je jünger die Gesichter vor mir, desto nachlässiger
wirken sie. Aber nicht nur das Alter scheint eine Rolle zu
spielen, auch die völlige Stillosigkeit scheint in manchen
Bevölkerungsschichten an der Tagesordnung zu sein. Es
wird bunter. Es wird lockerer. Es wird billiger. Nichts passt
mehr so richtig zusammen oder auf den Körper, der als
Transportobjekt der Kleidung selbst schon völlig aus den
Fugen geraten ist. Überall kriecht mir diese Unordnung
und Nachlässigkeit ins Gesicht - oder sind es die Gewitter-
fliegen? Urteile ich von meinem Beobachtungsposten aus
ungerecht über die Menschheit wegen ihrer modischen
Mutation? Endlich kommt das Gewitter. Ich packe ein. Für
heute gewinnen die Fliegen und die Mutanten einer einst so
auf Ordnung und Klasse bedachten Spezies.

Evolution

Man sitzt da und denkt an die Zeit, als man klein war und die Welt ein himmlischer Ort und die Sorgen so weit weg. Probleme machten nur die Eltern und die Alten waren selbst einmal Kinder und versuchten nur das Beste aus dem zu machen, was war und wie es sein sollte. Dazwischen wächst der eigene Kopf, die Umgebung, die Menschen - alles strömt auf einen ein. Man erlebt Dinge, die man nicht einordnen kann, die Erfahrung fehlt. Auf die, die diesen Wissensvorsprung haben, will man nicht hören. Es werden Wege gezeigt und Straßen geebnet. Man versucht, sich nicht zu verlaufen, gerät in Sackgassen, zum Glück gibt es manchmal einen Rückwärtsgang.

Ich weiß nicht, ob man all diese Erfahrungen machen muss. Ob man sein Leben so leben muss. Jeder Mensch ist einzigartig, jede Geschichte ein Unikat, so wunderbar erzählt und gelebt. Selbst die traurigsten Geschichten haben schöne Anekdoten, die fröhlichsten Momente ihre Schattenseiten. Man kann eine Geschichte nur so gut erzählen, wie man sie erlebt. Der Phantasie sind Grenzen gesetzt, dem Schicksal steht ein unermessliches Repertoire an Möglichkeiten offen. Es gibt nichts und doch ist alles da.
Dort, wo man es meistens nicht vermutet.
Jedes Kind wird erwachsen.
Jedes Paradies bricht zusammen.
Jeder hält seine Geschichte für die einzige. Das Selbst zu wichtig, das Kollektiv vernachlässigt.
Wer spricht, braucht Zuhörer.
Wer schweigt, braucht Erzähler.
Wer veröffentlicht Publikum. Wer konsumiert einen Händ-

ler. Wer handelt, ist ein Kunde.

Nach Zahlen? Macht? Wissen? Anerkennung? Der Kopf ist groß geworden, schwer, voll. Der Mensch, das Gehirn, zu viele Drähte, die glühen.

Die Evolution wird auch das bereinigen.

Dammwild

Endlich frei und doch nur im Gehege. Menschenzoo für die Waldbewohner, ein bisschen Grün für die Städter, die sich hier vergnügen.

Ich parke an einer Weggabelung am Waldrand, vor mir führt ein Weg nach links, tief hinein in das Dickicht aus Pflanzen und Bäumen. Es ist angenehm warm für einen Junitag. Ein schicker, glänzender Kombi hält hinter mir. Ein Herr im Anzug steigt aus. Eine Frau im schicken Kostüm folgt ihm schnellen Schrittes. Im Nu sind sie fast aus meinem Blickfeld verschwunden, er deutet nach rechts, sie tapst brav hinterher. Kurzer Griff an den Hintern. Ich beobachte das Schauspiel aus sicherer Entfernung und bin mir sicher - hier wird gleich gefickt.

Meine Spannernatur ist geweckt, ich mache mich bereit und folge dem angeheizten Doppel gemächlich in sicherer Entfernung. Kurze Zeit später biegen sie rechts ab, eine Frau mit Hund kommt mir entgegen, die beiden schauen zurück, fühlen sich beobachtet und tauchen schnell tiefer ins Dickicht des Waldes ab.

Ich gehe weiter, bleibe ein paar Meter später stehen und lausche, aber kein Stöhnen, kein Knacken und Klatschen, kein wildes Röhren. Dieser Hirsch im Anzug hat entweder keine Ausdauer, oder er hat seine Kitze nur in den Wald geschleppt, um sie zu fangen. Ich trabe zurück und wenig später folgt mir das schicke Paar. Was immer das war. Für ein Mittagsquickie war es viel zu kurz.

Ich gehe weiter durch den lauen Sommerwald und finde eine Bank neben einem Gehege für Rehe. Die Tiere tauchen auf und nähern sich ohne Scheu. Das Rehkitz scheint sich bei meinem Anblick zu entspannen und genüsslich das saftige Gras zu seinen Füßen zu inhalieren. Von dem Tier, das hier auf der Bank gegenüber dem Rehkitz sitzt, geht im Moment keine Gefahr aus. Oder vielleicht doch?

Vielleicht sollte das Tier in mir endlich ausbrechen, sich die Kleider vom Leib reißen, über den Zaun springen und das kleine Reh vor den Augen der Schulklasse, die gerade hinter mir vorbeigeht, bei lebendigem Leib zerfleischen.

Vielleicht ist das genau die Schlagzeile, die mein Leben jetzt dringend braucht. Stattdessen niesen sich die armen Paar-hufer vor mir die Seele aus dem Leib, dass es klingt wie ein Rüsselorchester asthmakranker Rehe. Rehschnupfen? Gibt es so etwas oder knallen die Pollen noch von der Goa-Party der tierischen Waldbewohner am vergangenen Wochen-ende? Was machen die Tiere im Wald wenn die Sonne nicht mehr scheint? Wie oft tauchen dann Pärchen ab ins Di-ckicht und werden zu wilden Tieren?

Statt Reißzähne zu fletschen, werfe ich lieber Taschen-tücher über den Zaun und frage mich, wer von uns beiden hier gerade freier ist. Wer ist hier eigentlich eingesperrt? Und sind sichtbare Zäune nicht schöner als unsichtbare?

Moder

Verbrenne es.
Lass es im Morast versinken.
Sei der Herbst auf deinen Feldern.
Halte es aus.
Halte Dich zurück.
Lass die Zeit den Rest erledigen.
Schone Deine Kraft.
Höre nicht auf die anderen Bauern.
Es gibt Zeiten, da wächst nichts.
Für Dich. Du weißt das.
Nachbereitung.
Vorbereitung.
Ruhen.
Atmen.
Heimkehren.
Wissen.
Vertrauen.

Zeit steht, Leben fließt

Während ich so durch den dichten Regen gleite, fliegen
Regentropfen und Minuten an mir vorbei. Ich sitze in einem
identischen Nachbau meines ersten Autos, einem Golf 3,
den ich mir für diese Fahrt ausgeliehen habe. Hier in meiner
Vergangenheit zu sitzen, lässt meine Gedanken kreisen.
Was auffällt: Ich scheine aus dem Auto herausgewachsen
zu sein, wirke zu groß im Vergleich zu dem übersichtlichen
Cockpit, dessen Lenkrad ich steuere. Vielleicht liegt es
aber auch an der ungewohnten Sitzposition? Ich suche die
Höhenverstellung der Arschwanne unter mir, finde sie aber
nicht. Permanente Einstellung normal. Eine Einstellung
für alle Größen, man muss sich eben anpassen. So war das
damals. Gewöhn Dich dran. Die eigenen Vorlieben, die spie-
len keine Rolle. Fahre mit 90 km/h über die Autobahn und
fühle 180 km/h. Die Umgebung formt sich zu einem vorbei-
ziehenden, verregneten Film auf der nassen Windschutz-
scheibe. Die eigene Wahrnehmung reduziert das Ergebnis
der tristen Umgebung zu einem angenehmen Erlebnis in
dunkler Nacht. Die Scheibenwischer geben bei jeder vollen
Bewegung ein klackerndes Geräusch von sich. Wie kleine
Sekundenzeiger fliegen sie an mir vorbei und wischen die
veränderlichen Tropfen der Zeit weg. Mir ist kalt, denn die
Heizung scheint nicht zu funktionieren. Dafür gibt es eine
Sitzheizung, aber was nützt ein warmer Hintern, wenn die
Nasenspitze kalt bleibt.

Dieses Auto riecht genauso wie mein altes Auto damals.
So viele Jahre liegen zwischen diesen Emotionen. Es ist
ein Wunder, dass so ein Auto noch fährt. Mein Golf 3 war

damals vom Rost zerfressen und keine 300 Euro mehr wert. Dieses Auto hier scheint in der Zeit stehen geblieben zu sein. Es wird sicher bald ein Oldtimer, auch wenn man in diesem Zustand noch nicht davon sprechen kann. Damals war dieses Stück Blech die motorisierte Evolutionsspitze der Mittelklasse, heute ist es nur noch ein Hindernis auf der Mittelspur.

So vergeht die Zeit und nimmt sich alles, was sich ihr in den Weg stellt. Nichts kann der Zeit entkommen, Atomuhren vielleicht, aber auch die müssen irgendwann Nanosekunden ihrer Perfektion aufgeben. Als ich wieder anfahre, wackelt das ganze Auto, das einst so kraftvoll aus Wolfsburg kam. Es hat jetzt selbst Angst, zu schnell zu fahren und dabei lebenswichtige Kleinteile zu verlieren. Dennoch ist die Fahrt etwas Besonderes.

Die Strecke, die ich fahre, ist die gleiche wie immer, aber sie fühlt sich anders an.

Sie gibt mir mehr, sie dauert länger, irgendwie scheint dieses Auto ehrlicher zu sein. Wir haben nichts mehr voreinander zu verbergen, wie zwei alte Freunde, die sich wiedersehen und noch einmal gemeinsam eine Runde drehen. Der rote Golf und ich, wir stehen an der Ampel. Ich weiß, dass ich jetzt ganz langsam die Kupplung kommen lassen und das Gaspedal etwas fester treten muss, damit er in die Gänge kommt. Jahrelang habe ich dieses zarte Gefühl im Fuß bis zur Perfektion geübt. Wie ein altes Ehepaar trudeln wir durch die Nacht und die Stadt, geben uns keine Mühe, uns in den schnell fließenden Verkehrsstrom einzufädeln. Wir haben unseren eigenen Rhythmus, der sich seit Jahren nicht verändert hat. In dieser Blechkiste hat sich nichts verändert, nur um uns herum hat sich die Welt beschleunigt.

Outro

Es gibt keine Konstante im Leben.
Das lehrt mich die Zeit immer wieder.
Es ist nicht die Zeit, es ist das Leben, das einen überrollt
und vor Entscheidungen stellt, die getroffen werden müssen. Ich liege in einem Krankenzimmer und sehe die Nachrichten. Die Welt verliert die Kontrolle. Panik nimmt überhand. Man verliert den Überblick und sieht, wie einem die Desinfektionslösung durch die Finger rinnt. Man klammert sich an Toilettenpapier und Konserven - **als ob das helfen würde.**

Ich hoffe, dass es nicht so weit kommt und dass es auch
morgen noch kleine Anekdoten gibt, über die man schreiben kann. Kleine Geschichten, die das Leben schreibt und die das Leben beschreiben, in einer Welt, in der Frieden herrscht. In der Leben gelebt werden können, wie das meines Bettnachbarn hier. Voller Reichtum, Abenteuer und Freude. Natürlich darf es auch nicht an Schicksalsschlägen mangeln. Aber nur von den guten, die nicht bleiben oder enden. **Von den Schlägen, aus denen man auch etwas lernen kann.**

Karl Fellmer
Cuentos del Cuervo
Fast wahre Anekdoten
2. Auflage
2024

www.karlfellmer.de